에로스를 찾아서

이 도서의 국립중앙도서관 출판예정도서목록(CIP)은 서지정보유통지원시스템 홈페이지(http://seoji.nl.go.kr)와 국가자료공동목록시스템(http://www.nl.go.kr/kolisnet)에서 이용하실 수 있습니다.(CIP제어번호: CIP2017026530)

에로스를 찾아서
사랑과 아름다움에 관한 성찰

강유원 지음

라티오

| 차례 |

하늘 한구석의 미인을 바라본다. 6

진실처럼 들리는 거짓말, 11

무사 여신이여! 15

당신은 아마도 알고 계시겠지만 19

어떤 놀라운 것, 22

모든 좋은 것, 30

이런 건 조금도 겪어 본 적이 없네. 32

불꽃에서 댕겨진 불빛처럼 혼 안에 비로소 생겨나서, 37

때는 밤이었다. 39

아름다움을 넘어선 아름다움, 42

닮은 것은 닮은 것에서 태어나니… 45

예술적으로 재현한 것, 47

끝없는 아름다움을 노래할 수 있게 해 주시길 빕니다. 50

사랑이 당당하게. 54

위기, 56

탈취, 58

정신은 감각적인 것에 발을 내딛으면서도 62

이후 심하게 아팠다. 65

당신이 한 말은 모두 도리에 맞는 말이오! 68

주해註解 74

소동파는 노래를 노래하였다.

"계수나무 노와 목란 상앗대로 투명한 강물을
치며 흐르는 강물을 거슬러 오른다.
아득히 멀다, 내가 품고 있는 마음.
하늘 한구석의 미인을 바라본다."¹

동파는 손님을 맞이하여 적벽 아래 배를 띄운다. 그와 손님의 손에는 술잔이 들려 있다. 바람은 나지막이 불어오고 물결은 잔잔하다. 술을 마시니 노래가 저절로 흘러온다. 《시경》詩經과 《서경》書經의 구절들을 주고받는다. 그들의 노래는 예로부터 불리던 것들이다. 동파와 손님이 배를 타고 술을 마시고 노래를 부르는 곳은 옛날의 전장戰場. 수많은 생명들이 소멸된 곳이다. 애상哀想이 깃들어 있다. 강물과 적벽은 자연물이고, 그 위에 떠다니는 배와 술잔은 인공물이다. 그들과 그것들은 놀이²를 하면서 자연물과 인공물을 무형의 시로 만들어 낸다. 동파와 손님의 머리 속에 떠올라 입에서 흘러나오는 노래는 정동

情動의 소산일 것이다. 노래로 발화되기 전에 그들의 심정 속에 무어라 규정하기 어려운 정서의 응축이 있었을 것이다.

동파와 손님은 뱃놀이를 하며 정서의 응축을 가슴에 품고 갑자기 그 강물을 떠나 위로 오른다. 이제 계수나무 노와 목란 상앗대는 현실의 강물을 치는 도구가 아니다. 그것들은 먼 옛날 초楚 지방에서 하늘에 오를 때 쓰던 것들이다. 강물을 거슬러 오른다는 것, 이는 더 이상 현실의 강물 위에 있지 않다는 것이다. 동파와 손님은 현실을 떠났다. 그들은 먼 길을 간다. 아득히 먼 길. 그들이 가는 곳은 그들의 마음속에만 있는 길이다. 그 길의 끝에는 미인이 있다.

미인, 동파와 손님이 바라보는 미인, 그 미인은 하늘 한구석에 있는가, 아니면 마음속에 있는가.[3] 아니면 애초에 미인은 없는가. 그저 동파와 손님이 마음속에 품고 있을 뿐인, 뭔가 아득한, 계수나무와 목란 상앗대에 몸을 의지할 때에야 생겨나서 아름다움이라 이름 붙여진 환영幻影인가.

우리는 마음속에서 뭔가가 꿈틀거리며 솟아나오는 것,

그것을 흔히 순수한 정감이라고들 말한다. 몽롱한 상태에서 우리는 그것을 막연히 바라본다. 내면에서 올라오는 것만 있는 게 아니다. 바깥의 무엇인가를 보면서도, 어느 순간 그 무엇이 감각에서 아련히 멀어져 사라지면서 우리의 내면에 무엇인가를 남긴다. 그것을 인상이라 부르기도 한다. 이것을 아름다움이라 한다면, 그 아름다움은 무엇인가를 모방하여 생기는 것도 아니요, 누구나 알아차릴 수 있는 것도 아니다. 우리 자신만이 오롯하게 느끼는 것이다. 나누어 가질 수 없는 아름다움, 순전히 우리 자신의 아름다움인 것이다.

우리 자신이 느끼는 아름다움이 이렇게 생겨나듯이 동파가 손님과 함께 만들어서 내놓은 아름다움도 그렇게 생겨났을 것이다. 동파는 머나먼 옛날에서 오늘의 우리에게로 손을 내밀어, 그가 마음속에 가지고 있던, 하늘 한 구석에 비쳐 바라보던 미인을 함께 보자고 하는 것이다. 우리는 그와 동조同調할 것인가. 그러한 동조가 가능한 것은 어떠할 때인가. 우리도 적벽 아래 가서 배를 띄우고 손님과 더불어 술을 마셔야만 하는가. 동파의 정감을 나누어 가질 수 없는 것이라 여긴다면, 아무리 노를 저어도 우리는 하늘의 미인을 바라볼 수 없을 것이다. 동파의 것은 동파만의 것, 우리의 것은 우리만의 것으로 그치게 될 것이다.

더러 어떤 이들은 그렇지 않다고 말한다. 공감에 이른 이들은 말조차 하지 않고 지그시 눈을 감고 동파에게 감성의 끝을 가져다 댄다. 시간과 공간을 훌쩍 뛰어넘어 몽롱한 도취가 어딘가에서 솟아나온다. 동파의 부름에 응답하면서, 그들과 동파 사이에는 다른 이들이 간취해 내지 못하는 정동이 생겨난다. 그것이 동파의 정동과 똑같은 것이라 강변하는 일이 있다 해도 얼마만큼은 승인해 주지 않을 도리가 없다.

그 옛날 초나라라는 전혀 다른 시공간에서 아주 다른 목적으로 불리던 노래가 동파의 기억 속에 담겨 있다가 북송北宋의 적벽赤壁이라는 시공간에서 불리고, 그렇게 불리던 노래는 다시 오늘 여기서 불린다. 이 모든 것을 이어 주는 끈이 무엇일까? 무엇이 이 시간과 공간과 정서를 연결할까?

우리에게는 이 모든 것들이 갑자기 들이닥친다. 시계열의 순서를 따르지 않고 공간의 질서를 무시하고 밀고

들어온다. 들어온 것들은 우리의 정신 속에서 이리저리 묶이고 모이고 뒤섞인다. 동파를 읽고 있는데, 동파에게 떠올랐던 초나라의 주술사가 나타나고, 좁은 방에 물이 흘러들어 적벽 아래 강물이 된다. 그러면서 가 볼 일도 없을 장강長江 이남의 땅들을 상상한다. 마음 가는 대로 붙잡는다. 우리 안에서 심상心象이 생겨나는 대로 곧바로 시상詩想과 영상影像이 된다. 아득하게 열린 심상계心象界와 질료계質料界가 무질서하게 경계 없이 이어져 있다. 재현이 일어나는 듯하지만 정작 우리에게 발생한 것은 이 모든 것들을 지금 여기에서 새롭게 만들어 내는 근원적인 재형성이다. 우리에게 만들어진 것은 기억 속에 있었으나 기억 속에 있지 않았던, 새로운 것이다.

무사 여신들은 목자들에게 말을 건넨다.

"들에서

야영하는 목자들이여, 불명예스런 자들이여,

배(腹)뿐인 자들이여,

우리는 진실처럼 들리는 거짓말을 많이 할 줄

아노라.

그러나 우리는 원하기만 하면 진실도 노래할

줄 아노라."[4]

헤시오도스는 어느 날 신성한 헬리콘 산기슭에서 양 떼를 치고 있었다. 그는 아무런 노래도 알지 못한다. 그저 양 떼를 치는 목자일 뿐. 제우스의 딸들인 무사 여신들은 그에게 다가와 아름다운 노래를 가르쳐 준다. 그 노래는 신들의 노래이다. 인간인 헤시오도스는 그 노래를 들었고 그렇게 들은 노래를 다른 인간들에게 전한다. 헤시오도스는 여신들이 불러서 알려 준 노래가 아니면, 여신들이 그렇게 넣어 준 신적인 목소리가 아니면, 노래를 할 수 없다.[5] 신의 목소리를 내는 악기인 셈이다.

제우스의 아홉 딸들인 무사 여신들, 즉 클레이오, 에우테르페, 탈레이아, 멜포메네, 테릅시코레, 에라토, 폴륌니아, 우라니아, 칼리오페. 이들 중 가장 빼어난 여신은 서사시의 여신 칼리오페[6]이다. 칼리오페는 왕들의 혀 위에 감미로운 이슬을 떨어뜨려 준다. 왕의 혀와 입 안은 달콤함으로 가득 차고, 그의 입에서는 달콤한 말이 흘러 나온다. 달콤한 말, 모든 어려움을 해결하는 만능의 도구이다. 달콤한 말은 판결의 시비를 가린다. 백성들의 분쟁도 달콤한 말이 해결한다. 사람들이 모여 왕을 칭송한다. 신이 준 달콤한 말은 권위의 원천이 된다. 무사 여신들이 사랑하는 자는 행복하다. 신이 내려 주는 말은 사랑의 원천이요, 행복의 근원이다. 사람들은 다툰다. 그러느라 서로 사랑할 틈이 없다. 사람들 사이에서는 사랑이 생겨나지 않는다. 사랑은 신이 인간에게 왕을 통해서 달콤한 말을 내려 줄 때에야 가능해진다. 끊임없는 다툼, 인간의 죄악은 이것이다. 신이 내려 주는 사랑 때문에 인간은 다툼을 잊고, 그에 따라 죄악이 사라진다. 인간은 신으로 하여 가능해진 평화를 누리며 신을 찬미한다.

아주 오래 전부터 인간은 신의 말씀을 갈망하였다. 신의 말씀을 전해 받은 이는, 한때는 양 떼를 치는 목자였고, 시인이었으며, 사제였다. 목자, 시인, 사제는 동일한 사람이었다. 그는 치자治者이기도 하였다. 한 사람이 이 모든 일을 다 하였다. 사람들은 목자, 시인, 사제, 치자의 말에 귀를 기울였다. 그것이 신의 목소리라 믿었으므로. 오늘날에는 양 떼를 치는 이는 들판과 산기슭에 있고, 시인은 다른 곳에 있고, 사제는 또 다른 곳에 있고, 치자는 전혀 다른 곳에 있다. 각기 다른 곳에서 각기 다른 일을 하고 있다. 이처럼 신의 말씀을 듣는 이는 여기저기 흩어져 있다.

목자와 시인과 사제와 치자가 하나였을 때 사랑은 위에서 내려왔다. 한 사람에게 전해졌고, 그 사랑은 다시 다른 사람들에게 퍼졌다. 그 한 사람은 인간이기도 하였고, 신에게 혀를 내맡길 때에는 잠깐 신이 되기도 하였다. 반은 신이요, 반은 인간, 반신반인半神半人이었다. 신을 만날 때에는 인간의 모습을 버려야만 하였다. 가능하면 많이 자신에게서 인간의 모습을 빼내야만 하였다. 평소에는 하지 않던 목욕을 하기도 하고, 동물 가죽을 뒤집어 쓰기도 한다. 인간의 정신을 버리기 위해 몽롱한 연기를 들이마시기도 한다. 그렇게 하고서 그는 신 앞에 나아간다. 그렇게 할 수 있는 인간과 그렇게 할 수 없는 인간 사이에는 엄격한 계층 질서가 자리잡고 있었다. 신을 만나는 방법은 신을 만나는 사람들 사이에서만 비밀리에 전수되었다.

  신은 보이지 않는다. 보인다 해도 어떤 형상을 띠고 있는지 알아차릴 수 없다. 소리만 들리기도 한다. 신과 인간은 이처럼 철저한 비대칭의 관계에 있다. 인간은 신을 사랑할 수 없다. 사랑은 인간이 본래 가진 것이 아니므로 그러하다. 사랑은 신이 인간에게 주는 것이다. 위에서 내려오는 것이 사랑이다. 인간은 신이 내려 준 사랑을 잘 간직하고 자신을 위해, 그리고 다른 사람을 위해 아껴 쓰다가 그것이 떨어질 즈음이면 다시 신에게 사랑을 달라고 간구한다.

  사랑과 자비와 평화는 신의 것. 인간은 불쌍한 존재였기에 그것을 간곡한 기도로 내림받을 뿐이었다. 인간은 사랑을 만들어 내지 못하였다.

시인은 무사 여신에게 이야기를 들려 달라고 간청한다.

"들려주소서! 무사 여신이여! 트로이아의 신성한 도시를 파괴한 뒤
많이도 떠돌아다녔던 임기응변에 능한 그 사람의 이야기를."[8]

사람들은 시인에게 요구한다. 시인만이 무사 여신의 노래를 들을 수 있고 그렇게 들은 노래를 사람들에게 전해 줄 수 있으니, 무사 여신에게 이야기를 들려 달라고 간청하도록 시인에게 요구한다. 헤시오도스 시절에는 인간인 시인이 무사 여신에게 간청할 수 없었다. 무사 여신이 내킬 때에만 시인에게 이야기를 들려주었던 것이다. 그러나 이제는 시인이 무사 여신에게 이야기를 들려 달라고 간청할 수 있게 되었다. 시인의 간청에 응답하여 무사 여신은 이야기를 들려준다.

시인은 이야기의 주인공 이름을 알지 못한다. 그가 누

구이며, 어디에서 온 것인지 알지 못한다. 시인이 그러한 것을 알지 못하니 듣는 사람들도 알지 못한다. 시인과 듣는 사람들은 여신이 들려주는 이야기를 다 들은 다음에야 그가 누구인지 어디에서 온 사람인지, 어디로 돌아가는지 알게 될 것이다.

시인이 여신에게 전해 들은 이야기를 시인에게 전해 듣는 사람들은 시인이 전해 주는 이야기를 들으면서 시인과 하나가 되고, 그렇게 시인과 하나가 되면서 동시에 전해 들은 이야기에 등장하는 사람의 행로에 빠져든다. 사람들은 이야기를 읽는 것이 아니라 이야기를 듣는다. 시인의 목소리로 듣는다는 것은, 시인이 이야기를 들려주면서 조율하는 운율에 빠져든다는 것을 의미한다. 무사 여신과, 시인과, 듣는 이들 사이에는 거리감 없는 직접적인 유대가 생겨난다. 시인의 말은 날개 달린 말이다. 그것은 헤시오도스가 들려주던 달콤한 말이기도 하다.

사람들은 시인이 들려주는 이야기에 몰입되어 더러는 자기를 잃어버린 채 이야기에 동화되는 감흥이 솟아나기도 한다. 사람들은 이러한 감흥에 젖어드는 순간들을 그리워하며 시인에게 이야기를 들려 달라고 자주 간청하기도 하였을 것이다. 그럴 때면 시인은 무사 여신에게 청탁을 하여 이야기를 들려주곤 하였을 것이다.

사람들의 간청과 시인의 구송口誦이 거듭되고 그것이 일상적으로 행해지게 되었을 때, 시인은 사람들에게 신의 이야기를 들려주는 이로 확실하게 자리잡게 되었을 것이다. 시인이 들려주는 신의 이야기가 사람들에게 널리 암송되고 사람들의 일상에서 인용되고, 더러는 이야기에 등장하는 이들의 말과 행동이 사람들에게 하나의 본本으로 자리잡게 되었다면, 시인은 이제 공동체의 교사라는 위치9에 서게 된다.

시인이 구송하는 시는 사람들의 심성에 곧바로 파고든다. 사람들은 반성적 사유를 결여한 채 그것을 듣고서 곧바로 동화된다. 시인은 사람들에게 이야기 속의 삶의 방식을 무매개적으로 불어넣는다. 그것이 음미해 볼 만한 가치가 있는지는 따져 묻지 않고, 무매개적으로 시인의 이야기를 받아들인 사람들은 이야기 속 주인공의 행위를 무심코 본받는다. 이야기 속 주인공은 사람들에게 영웅이 되고, 본받아야만 할 존재로서 새겨진다.

시인은 무사 여신의 이야기를 듣고 전하며, 시인이 전

하는 이야기를 듣는 이들은 이야기 속 주인공을 흉내낸다. 그러한 흉내내기, 모방은 거침없이 이루어진다. 시인과 듣는 이들 사이에는 감정의 간격이 전혀 없다. 모방이 올바른 본받음인지를 따져 묻지도 않는다. 그렇게 따져 묻는 이를 오히려 적대시한다. 신이 들려준 이야기에는 어떠한 도전도 용납되지 않았다.

• 무사 역신이여

플라톤은 소크라테스의 입을 빌려 아테나이의 시인에게 도전한다.

"하기야 시모니데스의 말이니 안 믿기도 쉽지가 않죠. 지혜로우며 신과도 같은 분이기도 하니까 말씀이오. 하지만 도대체 그가 무슨 뜻으로 한 말인지를, 폴레마르코스, 당신은 아마도 알고 계시겠지만, 나는 모르겠소."[10]

소크라테스는 플라톤의 형제들과 함께 아테나이의 외항外港인 페이레이에우스로 내려갔다. 그곳은 민주파의 거점이기도 하였다. 그곳에서 소크라테스는 거류민인 트라케 인들의 근사한 행렬도 구경하고 아테나이로 돌아오고 있었다. 그런데 케팔로스의 아들 폴레마르코스가 그를 붙잡고 그곳에 머물러 달라고 시비를 걸었다. 소크라테스는 아테나이로 돌아가겠다고 하나 폴레마르코스는 자신들의 일행의 수가 더 많다는 이유로 그곳에 머물러야만 한다고 우긴다. 소크라테스는 철학자의 본분인 '설득'을 해 보지도 못한 채 그의 집으로 끌려가게 된다.

폴레마르코스의 집에서 소크라테스는 올바름에 대하여 토론한다. 먼저 이야기를 시작하는 케팔로스. 그는 시인인 소포클레스의 말을 인용하며 자신의 주장을 정당화한다. 아버지 케팔로스에게 논의를 인계받은 폴레마르코스는 시인 시모니데스의 말을 인용하며 자신의 주장을 정당화한다. 그들은 아테나이의 거류민이었으나 아테나이 시민들과 마찬가지로 시인의 말을 자신들의 정당화 근거로 차용하고 있었던 것이다.

소크라테스는 올바른 나라에 관한 논의에 들어서면서 어떤 내용과 방식으로 수호자들을 교육할 것인지 문제 삼는다. 소크라테스는 당대의 시인들인 헤시오도스와 호메로스가 들려주고 있는 이야기들 중에서 많은 것을 버려야만 한다고 단호하게 말한다. 시인들이 들려주는 신에 관한 이야기는 그릇된 것이다. 신과 영웅의 본성은 올바른 것이므로 그것을 잘못 묘사하는 것은 비도덕적인 것이다. 모방이 문제가 아니라 잘못된 모방이 문제인 것이다. 수호자들을 가르칠 때에는 훌륭함에 관련하여 가능한 한 가장 훌륭한 것을 들려주어야만 하는 것이다.

내용만이 문제되지 않는다. 시가의 이야기 투가 더욱 심각한 것일지도 모른다. 소크라테스와 대화하고 있는 플라톤의 형제 아데이만토스는 형식에 지나지 않는 것을 심각하게 여기고 있는 소크라테스의 태도를 의아해하기도 한다. 소크라테스가 생각하기에 아테나이 시인들의 이야기 투에서 고쳐야만 하는 것은 시인이 극중 인물을 흉내내어 말하는 것이다. 이를테면 호메로스가 아킬레우스의 이야기를 전할 때, 자신이 아킬레우스가 된 것인 양 말하는 것을 고쳐야만 한다는 것이다. 이는 시인이 극중 인물을 흉내내는 것, 즉 모방을 폐기할 것을 요구하는 것이다. 소크라테스는 시의 형식과 내용 모두가 공공의 문제[11]임을 분명히 하였다.

플라톤은 소크라테스의 입을 빌려 무녀巫女인 만티네아 여인 디오티마에게 전해 들은 이야기를 들려준다.

"아름다운 것들을 차례로 올바로 바라보면서 에로스 관련 일들에 대해 여기까지 인도된 자라면 이제 에로스 관련 일들의 끝점에 도달하여 갑자기 본성상 아름다운 어떤 놀라운 것을 직관하게 될 것입니다. 소크라테스, 앞서의 모든 노고들의 최종 목표이기도 했던 게 바로 이겁니다."[12]

• 어떤 놀라운 것

아가톤이 비극 경연대회에서 우승하였다. 얼마나 비극을 잘 만들어 내는가를 겨루는 비극 경연대회에서 우승한 이가 그것을 기뻐해야 하는지, 아니면 자신이 만들어 낸 비극을 음미하며 비탄에 젖어야만 하는지가 의아하기는 하지만, 어쨌든 아가톤은 사람들을 잔치에 초대하였다. 비극 작가 아가톤이 즐거움을 위한 모임을 만들었으니 그것은 반어적이라 할 수도 있겠다. 아름다운 모습을 하고 모임에 가던 소크라테스는 길에서 아리스토데모스를 만난다. 사실 아리스토데모스는 이 모임에 초대를 받지 않은 처지였으나 소크라테스의 권유로 이 모임에 함께 가게 된다. 그가 하게 될 일은 당연하게도 구경이다. 구경은 보고로 이어진다. 아리스토데모스가 모임에 적극적으로 가담하였다면, 그는 이 모임을 한 발 떨어져 구경하지 못하였을 것이다. 아리스토데모스는 자신이 관상觀想한 것을 아폴로도로스에게 전하였었다. 아폴로도로스는 자신이 들은 이야기를 간직한 상태에서 남에게 이야기하는 연습을 충분히 하였다. 그 연습은 거의 10년 동안 이루어졌다. 아폴로도로스는 글라우콘에게도 그 연습의 성과를 보여 준 적이 있다. 그는 자신에 가득 차 그 이야기를 궁금해하는 이들과 함께 시내로 올라가면서 이야기를 들려준다. 아폴로도로스는 아리스토데모스의 이야기를 있는 그대로 들려주는 것이 아니다. 그것은 한 치의 어긋남도 없는 복제가 아닌, 연습을 거친 모방이다. 그런데 그러한 연습과 모방은 아폴로도로스에게 자부심을 안겨 주는 일이다. 아폴로도로스에게 이야기를 들려 달라고 한 이들은 부유하고 돈 잘 버는 사람들인데 아폴로도로스의 핀잔에 약간은 불쾌해하면서도 이야기를 듣고자 한다. 무엇이 아폴로도로스를 이처럼 자부심 넘치는 이로 만들었을까? 10년에 걸친 모방의 연습이었을 것이다. 연습!

아가톤의 집에 모인 이들은 '향연'(symposion)이라는 이름에 걸맞게 술을 마셔야 하나, 파우사니아스가 전날의 과음을 탓하며 술을 마다하자 아리스토파네스, 에뤽시마코스, 파이드로스도 그에 동조하며 이야기를 하기로 합의한다. 술이 아닌 이야기를 마시게 된 셈이다. 이야기를 마셔서 술을 마신 것처럼 취할 수 있으려면 어떤 이야기를 어떻게 해야 하는 걸까? 상투적으로 말하면 황홀한 이야기여야 할 터이니, 당연하게도 사랑에 관한 이야기를 하게 된다.

파이드로스, 파우사니아스가 이야기를 마쳤다. 희극 작가 아리스토파네스의 순서가 되었으나 딸꾹질이 심해서 에뤽시마코스에게 자기 차례를 양보하였다. 그 사이 딸꾹질이 가라앉은 아리스토파네스가 이야기를 하였다. 희극 작가인 그의 이야기는 슬픈 것이었다. 그에 따르면 사랑은 본래 자신의 것이었던 것을 되찾아 온전한 것이

되고자 하는 욕구인데, 인간은 신에게 미움을 받아 그 온전함을 이루기도 어렵고, 간신히 온전함에 이르렀다 해도 언제 다시 갈라질지 모른다는 두려움 속에서 살아가야만 한다는 것이다. 두려움, 자신의 나머지 반을 잃어버릴 가능성이 사랑의 필연적 속성이라는 쓰라린 이야기가 희극 작가에게서 설파되었다. 소크라테스는 자못 걱정이다. 아가톤도 이야기를 잘하는 사람이니, 자신은 이야기를 못해서 부끄럽다는 것이다. 이것을 능청이라고 판단한 파이드로스는 아가톤에게 이야기를 재촉한다.

아가톤은 곧바로 이야기를 꺼내지 않고 느닷없다는 느낌이 들게도 이야기를 어떻게 해야 하는지에 관한 이야기, 즉 이야기에 관한 이야기를 시작한다. 그는 지금까지 이야기한 사람들이 에로스 신을 찬양한다면서 에로스 신이 어떤 존재인지는 이야기하지 않고 에로스 신의 선물만을 이야기했다고 질타한다. 그리하여 그는 자신이 정한 방식으로 이야기를 마쳤고, 비극 경연대회 우승자답게 다른 이들의 환호를 받는다. 그의 이야기는 비극적이지 않았다. 아가톤이 이야기를 마치자 소크라테스는 더욱 걱정을 하고 참석자들에게 연습되지 않은 이야기를 해도 되는지 양해를 구하고 이야기를 시작한다.

소크라테스는 이야기를 곧바로 시작하지 않고 아가톤에게 시비를 건다. 앞서 아가톤은 에로스가 아름다운 것에 대한 것이라 말하였다. 그런데 소크라테스가 보기에 이는 에로스가 아름다움을 갖고 있지 못한 증거이다. 에로스가 아름다움을 가지고 있다면, 굳이 자신이 가지고 있는 것을 추구할 까닭이 없지 않겠는가. 그렇다면 에로스는 아름다움을 결여한 존재라는 것이 소크라테스의 주장이었다. 이에 대해 아가톤이 자신의 무지를 인정한 다음에야 비로소 소크라테스는 이야기를 시작한다.

뜻밖에도 소크라테스의 이야기는 자신의 이야기가 아니다. 그는 만티네아의 무녀巫女 디오티마에게 들은 이야기[13]를 좌중에게 전한다. 소크라테스는 디오티마 앞에서는 에로스에 대해 아무것도 모르는 사람이었다. 그러나 디오티마는 소크라테스에게 이것저것을 가르친 다음 마지막에 최고의 비법을 전수한다. 디오티마에 따르면 이 일에 착수한 자는 먼저 몸의 아름다움을 향해야 한다. 몸을 버리고 가서는 안 된다. 몸을 버리고 정신만을 남겨두라고 하는 신비주의가 더러 있다. 그러나 디오티마는

• 어떤 놀라운 것

몸의 아름다움에서 시작하라고 말한다. 하나의 몸을 사랑하고, 그 안에서 아름다운 이야기를 낳아 놓아야 하고 하나의 몸에 속한 아름다움이 다른 몸에 속한 아름다움과 같은 종류임을 깨달아야만 한다. 이렇게 함으로써 이 일을 하는 자는 내 것만이 아름답다는 태도에서 벗어나야만 한다는 것이다. 내 것에서 찾은 아름다움이 다른 것에도 있다는 자각은 그를 더욱 보편적인 입장으로 올라서게 한다. 그러나 여기서 그친다면 아름다움은 몸의 소멸과 함께 사라질 것이니 영혼에 있는 아름다움으로 나아가야만 한다. 이로써 아름다움은 내면화된다. 그것은 그저 모양의 아름다움, 눈에 와 닿는 아름다움이 아니라 영혼이 만들어 내놓는 것들의 아름다움이 되는 것이다. 내 것만이 아름답다는 태도는 너의 것도 아름답다는 승인을 거쳐 영혼의 산물들도 아름답다는 단계에까지 이르렀다. 훌륭한 젊은이들을 만들어 내는 이야기들, 행실과 법의 아름다움은 객체화된 영혼들이다. 윤리적 판단에 대한 것에도 아름다움이 미치는 것이다. 이는 윤리적 판단이 심미적 판단의 대상이 된 것이며, 일견 심미적 판단의 심화에 해당한다. 디오티마는 소크라테스에게 아름다운 것에 대한 사랑인 에로스가 몸과 물질적인 것에 머물러서는 안 되고, 공동체의 법과 제도에까지 도달할 것을 가르치고 있다. 아름다운 법과 제도를 만드는 젊은이의 행실은 에로스의 힘을 가진 것이다. 에로스는 여기서 머무르지 않는다. 순정한 앎을 향해 다시 도약하여 마침내 아름다움 자체에 이른다.

소크라테스가 디오티마에게 전해 들은 에로스에 관한 이야기는 결핍에서 시작하였다. 에로스는 충족을 향한 추구였다. 위를 향해 올라가는 과정은 아름다운 몸에 대한 추구에서 시작하였으나 마침내는 앎에 이른다. 위에서 인간을 끌어올려 주는 것은 없다. 위와 아래가 서로 주고받는 것은 없다. 호혜적 사랑이 아니다. 아래에서 올라가는 것만 있다. 디오티마는 상승의 노력으로써 연습을 거듭하면 갑자기 최고의 앎에 이를 것이라 조언하지만 그것은 무녀에게만 도달 가능한 경지인지도 모른다. 소크라테스는 아름다운 것 자체에 대한 배움으로 올라선다는 확신을 가질 수 없다. 그러면서도 소크라테스는 디오티마에게 들은 이야기에 의미를 부여하고, 아름다움을 추구하는 삶을 살기로 결심한 뒤 스스로가 열심히 연습을 하고 있다면서 다른 이들에게도 그것을 권한다.

   소크라테스의 권유를 받은 우리는 그가 디오티마에게 듣고 전하는 이야기를 읽으며 하나하나 상승의 길을 따라 절정에 이르려고 한다. 하나의 몸에서 두 개의 몸으로, 두 개의 몸에서 모든 아름다운 몸으로, 모든 아름다운 몸에서 아름다운 행실로, 아름다운 행실에서 저 너머에 있는 배움으로, 저 너머에 있는 배움에서 아름다운 것 자체에 대한 배움으로, 아름다운 것 자체에 대한 배움에서 아름다움 바로 그 자체로. 이 지경에 이르렀을 때 그것은 우리의 눈앞에 느닷없이 나타난다. 우리 혼 안의 에로스라는 힘이 우리를 이끌고 어딘가로 데려가는데 앞의 것을 감싸 안은 채 다음 것으로 이행하고, 그렇게 하는 과정의 종국에서 우리의 지성이 문득 아름다움 자체를 관상하게 되는 것이다. 이로써 우리는 신비한 것을 보는 자가 된다.

티마이오스는 우주에 관해 논의하면서 그 안의 생명체를 묘사한다.

"모든 좋은(훌륭한) 것(to agathon)은 아름답고 (kalon), 아름다운 것(to kalon)은 불균형하지 (ametron) 않습니다. 따라서 그와 같은 것으로 될 생물(zōon)은 균형 잡힌 것(symmetron)이라 보아야만 합니다."[14]

소크라테스는 티마이오스에게 우주를 구성한 이가 어떤 연유로 이 우주를 구성하였는지에 관한 기나긴 이야기를 듣는다. 티마이오스에 따르면 이 우주는 지성에 의해서 알 수 있는 것의 모상이며, 가장 위대하고 최선의 것이며, 가장 아름답고 가장 완벽한 것으로 구성된 것이다.

티마이오스가 들려주는 이야기는 디오티마가 들려주는 이야기와는 다르다.[15] 티마이오스는 지성에 의해서 알 수 있는 것 자체에 대한 열망을 가지고 있지 않다. 티마이오스는 모상을 이야기하고 있으니 소크라테스는 그것을 자신의 힘으로써 파악해 낼 수 있다. 인간에게는 좋음이라는 본本이 주어진다. 그것은 균형 잡힌 것이다. 균형 잡힌 것이 아름다운 것이다. 소크라테스는 이제 아름다움에 이를 수 있는 객관적인 방법을 알게 되었다. 막연히 아름다움이 저기에 있다는 것을 전제하고 그것을 향해 올라가는 삶에만 의미를 부여할 것이 아니라 자신이 행하여 알아낸 것들을 구체적인 외부의 척도로써 측정할 수 있게 된 것이다.

알키비아데스는 술에 취한 채 갑자기 나타나 소크라테스에 대한 자신의 사랑을 털어놓는다.

"내가 들을 때마다 이분의 이야기들로 인해 나는 코뤼바스적 광란에 빠진 자들보다 훨씬 더 심하게 심장이 뛰고 눈물이 쏟아지거든. 나는 다른 사람들도 아주 많이들 똑같은 일을 겪고 있는 걸 보네. 내가 페리클레스나 다른 훌륭한 연설가의 이야기를 들을 때는 이야기를 잘하고 있다는 생각은 했지만 이런 건 조금도 겪어 본 적이 없네."[16]

• 이런 건 조금도 겪어 본 적이 없네

디오티마에게 전해 들은 이야기를 소크라테스가 향연에 모인 사람들에게 들려주면서, 자신도 열심히 연습하고 있으니 모두 연습에 나서자고 권유하고 있을 때, 알키비아데스가 나타난다. 알키비아데스는 소크라테스의 이야기가 끝난 다음에 아가톤의 집에 왔으니 소크라테스의 권유를 듣지 못한 상태이다. 알키비아데스는 어떤 일이 일어났는지 알지 못한 듯 자신이 아주 심하게 취해 있다고 하면서도 진실을 말하겠다고 한다. 심하게 취한 사람이 진실을 말할 수 없는 것은 아니나, 그는 자신이 하려는 말이 진실로 받아들여졌으면 하는 소망을 가지고 있는 것일까, 아니면 그것이 진실로 받아들여지는 상황을 견딜 자신이 없는 것일까. 사람들은 그가 어떤 상태에 있는지 알아낼 길이 없다. 그는 자신의 상황에 대해 스스로도 규정하지 못하고 있다. 이렇게 일종의 시치미떼기[17]를 하고 있는 그에게 에뤽시마코스가 지금까지 에로스 신을 찬양하고 있었음을 알리면서 꼭 같은 것을 하도록 권한다.

알키비아데스는 에로스가 아닌 소크라테스를 찬양하겠다고 한다. 알키비아데스에 따르면 소크라테스는 사람을 홀리는 힘이 있어서 대화를 하다가 도망간 사람도 되돌아오곤 한다. 소크라테스는 겉모습이 아닌 속에 있는 아름다움으로 사람을 잡아끈다. 소크라테스는 다른 사람이 자신을 유혹해도 그것을 거부한다. 소크라테스는 다른 사람을 사랑하지 않고 다른 사람의 사랑을 받는 이다. 알키비아데스는 소크라테스 안에서 좋은 것을 발견하였고, 그것을 자신의 것으로 만들려 하였으나 실패하였다. 알키비아데스는 소크라테스를 갈망한다. 그렇게 끝없이 갈망하면서도 온전히 자신의 것으로 취하지 못하므로 그는 결핍 상태에 있다.

우리는 알키비아데스의 갈망과 결핍을 안타까워하며, 소크라테스와 알키비아데스의 맞물리지 못하는 비대칭의 관계를 들여다본다. 알키비아데스는 에로스가 아닌 소크라테스를 찬양하겠다고 하였다. 알키비아데스는 못난 사람이다. 찬양받을 만한 사람이 아니다. 누군가를 찬양한다는 것은 찬양하는 이가 못난 사람이고 찬양받는 이가 못난 사람이 아님을 전제하는데, 못난 사람은 못났기 때문에 자신이 찬양하는 사람의 잘남을 알지 못하며, 바로 그런 까닭에 이들의 관계는 비대칭일 수밖에 없다. 소크라테스가 에로스를 자신의 입으로 찬양할 수 없었던 것도 마찬가지 이유에서이다. 에로스를 찬양할 수 있는 힘을 가진 이는 디오티마일 뿐이며, 소크라테스는 디오티마의 이야기를 전해 줄 수 있을 뿐이다. 알키비아데스는 에로스를 찬양할 수 있는 힘을 가지고 있지 못하며, 소크라테스를 찬양할 수도 없다. 얼핏 어떤 이들의 눈에

· 이런 건 조금도 쥐어 본 적이 없다

는 소크라테스가 많은 사람들에게 사랑을 받으므로 에로스 신의 현실적 실현태로 보이지만, 그는 기껏해야 아름다움과 참된 앎의 모사물을 흘깃 본 사람이며, 이것을 믿지 마라, 그러한 일에 노고와 시간을 쏟지 마라는 가르침을 거부하고, 지식 전달을 마다하는 부정의 길을 따르는 사람이다. 그가 할 수 있는 적극적인 가르침은 고작 다른 이들에게 그것을 찾아가도록 권유하는 것에 그친다. 에로스에 이르는 길은 무녀들만이 오를 수 있다. 무녀의 길을 본받으려는 소크라테스는 그 길을 연습하고 권할 수 있을 뿐이다.

알키비아데스는 아름다움에 이르지 못한, 그러나 아름다움에 이르는 길에 관한 이야기를 들은 사람을 사랑하는 사람이다. 소크라테스가 디오티마를 만나서 이야기를 듣지 못했다면 그는 알키비아데스와 그리 다르지 않은 사람으로 살아갔을 것이다. 소크라테스는 디오티마에게 이야기를 들었고, 어떻게 해야 하는지를 알았기 때문에 밤새 술을 마시고도 취하지 않으려 하고, 남들이 다 잠들었을 때 아침에 목욕을 한 뒤 하루를 여느 때와 다름없이 멀쩡하게 보낸다. 알키비아데스는 술을 마시지 말고 일찍감

치 아가톤의 집에 도착하여 소크라테스가 전해 주는 이야기를 들었어야 했다. 그리고 그 이야기에 담긴 것들을 날마다 실천하려 했어야만 했다. 이 모든 이야기를 들려주는 아폴로도로스의 부지런함을 보라!

• 이런 건 조금도 쥐어본 적이 없네

플라톤은 편지를 쓴다.

"그것은 다른 학문들처럼 결코 말로 옮길 수 있는 것이 아니라, 주제 자체와 관련하여 이루어진 오랜 교유와 공동생활로부터, 예컨대 튀는 불꽃에서 댕겨진 불빛처럼 혼 안에 비로소 생겨나서 비로소 자기자신을 스스로 길러 내기 때문입니다."[18]

소크라테스가 디오티마에게 전해 들은 이야기를 들었다 해도 알키비아데스는 참다운 사랑을 얻을 수 없었을 것이다. 알키비아데스는 아테나이 사람들 앞에서 긴 연설을 하며, 정치적 활동을 하는 사람이었기 때문이다. 플라톤은 진리와 사랑이 말로 할 수 있는 것이 아니라고 한다. 말이 아닌 행위[19] 속에서만 생겨나는 것이 사랑이요, 진리에 대한 깨달음이라고 한다. 인간은 결핍된 존재이고, 그 결핍을 채우려는 갈망에서 다른 인간을 찾는다. 알키비아데스가 소크라테스를 쫓아다닌 까닭이 그것이었을 것이나, 소크라테스 또한 아름다움을 찾아다녔으니, 알키비아데스를 돌아볼 틈이 없었을 것이다. 인간은 갈망에서 다른 인간의 몸을 탐하고, 그 몸에서 흘러나오는 것을 들이마시고, 그것을 마시고 자신을 발산함으로써 무아無我의 순간을 향해 간다. 그리하여 그때까지는 알지 못했던 아름다움의 차원에 올라선다. 이는 갈망에서 시작되었으니 에로틱erotic하고, 전혀 낯선 것이니 엑조틱exotic하며, 절정의 환희를 경험하는 것이니 엑스타틱ecstatic할 것이다.

요한은, 예수가 죽음이 임박하였을 때 제자들과 나눈 이야기를 전한다.

"그때 제자 한 사람이 바로 예수 곁에 앉아 있었는데 그는 예수의 사랑을 받던 제자였다. 그래서 시몬 베드로가 그에게 눈짓을 하며 누구를 두고 하시는 말씀인지 여쭈어보라고 하였다. 그 제자가 예수께 바싹 다가앉으며 '주님, 그게 누굽니까?' 하고 묻자 예수께서는 '내가 빵을 적셔서 줄 사람이 바로 그 사람이다' 하셨다. 그러고는 빵을 적셔서 가리옷 사람 시몬의 아들 유다에게 주셨다. 유다가 그 빵을 받아 먹자마자 사탄이 그에게 들어갔다. 그때 예수께서는 유다에게 "네가 할 일을 어서 하여라" 하고 이르셨다. (…) 유다는 빵을 받은 뒤에 곧 밖으로 나갔다. 때는 밤이었다."[20]

예수는 제자들에게 이래라 저래라 명령하지만, 제자

들은 그의 말뜻을 알아듣지 못한다. 어떤 이들은 예수를 더 이상 따르지 못하겠다며 떠나기도 한다. 제자들이 예수에게 먹을 음식을 가져가자 예수는 자신이 먹는 음식은 따로 있다고 말한다. 제자들은 그 말을 알아듣지 못하고 누군가 자기들 몰래 예수에게 음식을 가져다주는 것은 아닌지 의심하기도 한다. 모든 제자들이 못마땅한 구석이 있겠지만 단 한 사람은 예외였다. 베드로가 그에게 예수의 진심을 물어보라고 하는 것도 당연한 일이었다. 앞서 예수는 제자들 가운데 누군가가 자신을 팔아넘길 것이라는 충격적인 말을 해 놓은 상황이었다. 예수의 사랑을 받던 제자가 누구인지는 알 수 없다. 그러나 그는 십자가 밑에서 예수의 처형을 목격한 유일한 제자이다. 거기서 예수는 그 제자에게 자기 어머니를 돌보아 달라고 부탁하였다. 그는 베드로보다 먼저 무덤에 도착하였으며, 부활을 맨 처음 믿은 이도 바로 그였다. 제자의 이름이 알려지지 않은 것은, 요한이 기록하지 않았기 때문일까, 아니면 예수의 참된 제자를, 제자다움을 구현한 이상적 제자를 제시하기 위해 설정된 인물이기 때문일까. 그것을 알 수는 없다. 그러나 이름이 밝혀진 제자 중에서 예수의 말을 곧이곧대로 따른 이가 있다. 그는 유다이다. 예수는 그에게 어서 할 일을 하라고 명령하였고, 유다는 곧바로 밖으로 나갔다. 그리고 그는 군인들과 함께 돌아왔다.

유다는 예수의 말을 거역하지 않았다. 그가 예수의 말을 거역하고 밖으로 나가지 않았더라면 구약의 예언은 성취되지 않았을 것이오, 그에 따라 하느님의 계획은 무너졌을 것이다. 하느님의 뜻을 이루기 위해 예수의 말을 충실히 따른 유다[21]는 예수를 사랑하지 않았는가. 누가 예수를 가장 사랑하였는가. 예수의 사랑을 받던 제자인가. 소크라테스와 플라톤, 소크라테스와 알키비아데스, 예수와 예수의 사랑을 받던 제자, 예수와 유다. 스승과 제자의 사랑은 어떻게 이루어지는가.

플로티노스는 절대적 아름다움에 대한 믿음을 고백한다.

"저편엔 아름다움을 넘어선 아름다움(kallos hyper kallos)이 존재한다."22

우리의 눈앞에 무엇인가가 있다. 아름다운 것은 모양을 가진 것만이 아니다. 우리 귀에 들리는 리듬도 운율도 아름답다. 우리가 읽는 글도 아름답다. 우리의 행위에도 아름다운 것이 있다. 우리는 이것들 모두를 아름답다고 여긴다. 그 아름다움은 어디에서 왔을까? 본래 아름다운 것, 그 어떤 것에 의해서도 훼손되지 않는 아름다움의 원형이 있어서, 그것을 우리 눈앞의 사물에, 세상의 모든 아름다운 것에 나누어 주지 않았을까.

지상地上의 아름다운 것들에 저편에 있는 아름다움이 들어와 있다. 이편의 아름다움은 저편의 아름다움의 모상이기도 하다. 저편에, 이편의 아름다움보다 더 아름다운 것이, 아니 절대적으로 아름다운 것이 존재하지 않았다면, 이편의 아름다움은 있을 수 없다. 이것을 깨닫지 못하고 겉모습만 보는 사람은 아름다움을 알아차릴 수 없다.

저편의 아름다움은 눈으로 보아서는 알 수 없다. 본래 저편의 아름다움은 빛을 비춤으로써 이편에 아름다움을 나누어 주었기 때문이다. 이렇듯 원형과 모상이 빛의 비춤으로 연결되었으니 우리가 모상에서 시선을 거두어 원형을 보려 한다면, 눈을 감고 영혼을 작동시켜야만 한다. 시선을 바깥에 버려 두고 마음을 열고 내면으로 따라 들어가야만 한다. 그렇게 한다면 육체적으로 아름다운 것들이 눈 밖에 날 것이다. 지금까지 아름답다 여겼던 것들은 불현듯 그림자에 지나지 않았음을 깨닫게 될 것이다.

저편의 아름다움은 자신의 아름다움을 조금씩 흘려 내려서 지상地上의 아름다움을 만들어 내었다. 우리는 그렇게 흘러내린 길을 영혼으로써 따라 올라간다. 이렇게 올라가는 길에는 수에 의한 척도, 비례는 도움이 되지 않는다. 그러한 비례는 감각적 사물의 조화를 파악하는 데에나 쓸모 있을 뿐이다. 저편의 아름다움의 빛이 흘러내려 만들어진 인간은, 그 빛을 쬐고 앉아 있어서는 안 된다. 인간은 온전히 신과 같이[23] 되고자 해야만 한다. 신을 닮고자 하는 인간만이 참다운 아름다움, 저 너머에 있는 초미超美를 알아차릴 수 있다. 신이 되고자 애쓰는 인간, 신이 된 인간은 절대적인 것과 유한한 것, 하강과 상승의 두 계기의 변증법적 통일에 이른다. 아름다움은 절대적 일자에 대한 믿음에 의해, 신이 되려는 인간의 신비한, 이해를 넘어서려는 노고에 의해 성취된다.

쿠자누스는 신이 세계를 창조할 때 비례를 이용했음을 논증한다.

"닮은 것은 닮은 것에서 태어나니, 그로 인해 본성의 어울림(비율)을 좇아 낳아진 것(피조물)은 낳는 것(창조주)에서 생겨난 것이다."[24]

신은 무한자요, 인간과 세계는 유한자[25]이다. 유한자인 인간은 같은 유한자인 세계를 알려 한다. 인간이 세계를 알려고 할 때 그의 머리 속에서는 오성悟性(ratio)이 움직인다. 인간은 오성으로써 세계를 탐구하여 박식한 경지에 오른다. 신은 세계를 창조한 다음, 법칙을 부여하여 저절로 움직이게 하였다. 그러하니 세계는 신의 드러남이다. 이 세계 안에는 신의 무한함이 묻어 있다. 인간과 세계는 신의 현현이다. 그렇지만 인간이 아무리 오성을 발휘하여 인간 자신과 세계를 탐구해도, 오성으로써 박식을 쌓아올려도 인간은 신을 알 수 없다. 오성을 가진 인간이라 해도 이성(intellectus)이 없다면 신을 알 수 없는 것이다. 박식한 인간이 신에 대해서는 무지할 수밖에 없다. 그렇다 해도, 인간이 초자연적인 은총의 도움이 있어야만 신적 진리에 이를 수 있다 해도, 신적인 진리를 향한 진전을 포기할 수는 없다.

안간힘을 써보려는 쿠자누스는 신이 세계를 창조할 때 어떤 방식을 사용하였는지 알아보았다. 그것은 비례의 방식이었다. 신은 수학과 기하학을 사용하였다. 그것에 더해서 신은 음악과 천문학도 사용하였다. 이 모든 것은 사물과 사물의 움직임들의 비율을 탐구하는 것들이다. 이 어울림은 만물을 매개하는 도구이다. 서로 어울리는 것들은 수로써 표상되고 신의 현현인 자연도 수로써 이해된다. 인간은 비례를 측정함으로써 신이 창조한 세계에 대한 정밀한 이해에 다가가게 되었고 비례를 통하여 제2의 자연을 창조하는 제작자, 창조주를 닮은 자가 되었다.

알베르티는 당대의 건축가 브루넬레스키에게 헌정한 저작에서 회화를 정의한다.

"회화란, 중심이 고정되고 빛의 위치가 일정한 상태에 있는 대상을 특정한 거리에서 바라볼 때 나타나는 시각 피라미드의 횡단면을 한 평면 위에 선과 색을 이용하여 예술적으로 재현한 것입니다."[26]

우리가 '르네상스'라 부르는 시대는, 신의 위력에서 벗어난 시기가 아니다. 서구인들이 신에게서 놓여났다고 자신있게 말할 수 있으려면 이때부터 500년은 더 지나야만 한다. 르네상스는 분명히 중세에 속한다. 인간의 이성을 소리 높여 외치고, 고대 희랍과 로마의 정신을 되살린다고 하지만 이것은 겉모습일 뿐이며, 그들은 뼛속까지 기독교도들이다. 그들은 신을 두려워하면서도 신을 본받고자 한다. 신을 경외하면서도 신을 모방하려고 한다. 그렇다고 해서 그들이 신의 위치에 올라섰다고 자만하는 것은 아니다. 아주 잠시 신의 눈[27]을 가져 보는 것일 뿐이다.

알베르티는 회화가 비례라는 원리 위에 서 있다고 단언하면서 화가는 무엇보다도 이 관계를 터득해야 한다고 주장한다. 회화는 자연의 원리에 따라 이루어지는 것이니 당연하게도 화가는 이 원리를 기하학적 방식에 따라 평면 위에 그려 내야 한다. 이렇게 함으로써 화가는 신의 위치에 잠깐이라도 올라설 수가 있다. 화가의 공부는 신이 정해 놓은 원리에 따라 움직이는 세계에 대한 탐구이며, 화가의 기술은 이 원리를 현상으로 표현하는 방식이다.

알베르티는 중세 사람들과 같은 세계를 보았다. 중세인들과 알베르티 모두 독실한 기독교도들이다. 그런데 중세인들이 그려낸 현전하는 세계와 알베르티가 그리고자 하는 세계는 다르다. 똑같은 신앙을 가진 이들이 같은 대상을 그려 내는데, 이러한 차이는 어디에서 오는 것일까? 세계를 보는 방식이 어딘가에서 바뀐 게 아닐까. 신은 어떤 존재인가에 대한 규정이 달라진 것일지도 모른다. 똑같은 신을 믿지만, 그 신의 본질에 대해 사유하는 방식, 그 신이 세계를 움직이는 방식에 대해 사유하는 방식이 달라진 것일 게다. 머리 속에서 변화된 개념은 손끝으로 내려와 변화된 그림을 그려 낸다. 동일한 신에 대한 믿음에서 창작되는 전혀 다른 모습의 회화들.

우리도 세계를 대면한다. 현전하는 세계는 우리를 둘러싸고 있다. 그런데 우리는 이제 신에 대한 믿음 없이 세계를 본다. 이 믿음이 깨어질 때 서구의 회화도 세계를 전혀 다른 방식으로 그려 낼 것이다. 수백 년 후에, 다른 보기 방식을 가진 인간의 정신으로써 다시 구축되는 세계들.

피치노는 플라톤의 대화편 《향연》을 주해하면서 신의 사랑을 흠모한다.

"디오티마가 신의 사랑을 알아보도록 섭리하신 거룩한 영께서 우리의 정신에도 빛을 비추시고 우리의 의지를 불타오르게 하시어, 신께서 창조하신 모든 아름다운 작품 안에서 그분을 사랑하고 또 그분 안에서 모든 작품들을 사랑함으로써 항구히 그분의 끝없는 아름다움을 노래할 수 있게 해 주시길 빕니다."[28]

- 끝없는 아름다움을 노래할 수 있게 해 주시길 빕니다

피치노는 무한자와 유한자의 관계를 수학으로써 논증하려던 쿠자누스와 같은 시대를 살았다. 그의 또 다른 동시대인 중에는 신의 분노를 피렌체에 설파하던 사보나롤라[29]도 있다. 어린 마키아벨리[30]는 사보나롤라를 태우던 연기를 보면서 무엇을 느꼈을까. 권력의 무상함을 느끼진 않았을 듯하다. 시민들의 변덕을 마음 깊이 새기지 않았을까. 저들은 지도자에 대한 열광을 언제든 거둬들

이고 곧바로 불살라 버릴 자들, 그러니 늘 조심해야 하겠지, 그렇다고 제멋대로 굴게 내버려 두어서도 안 되겠지, 때로는 사자가 되어 매섭게 몰아부치다가도 더러는 꾀 많은 여우처럼 살살 달래기도 해야 할 테지, 사자가 되고 여우가 되어 다스리는 것은 기본이지만 정말로 조심해야 하는 건 저들의 재산에 결코 손을 대서는 안 될 것이야, 의리는 잊어도 손해는 망각하는 법이 없는 무리들이니까, 어쨌거나 저들을 이리저리 끌어당겨서 이 공화국을, 더 나아가 이탈리아를 말 그대로 반듯하게 세워야 하는데—이런 생각들을 하였을 것이다.

피치노는 플라톤의 《향연》을 읽으며, 그 형식을 그대로 본떠서 또 하나의 '향연'을 만들어 내며 사랑, 그것도 경건한 사랑을 이야기한다. 신에 대한 사보나롤라의 불타는 사랑에 놀랐는지, 피치노의 사랑은 따스하다. 성급하지 않다. 물론 피치노도 사보나롤라와 마찬가지로 신과 인간, 신과 세상 사이의 완전한 일치와 교류를 시도하는데, 그 교류의 매개는 역시 사랑이다. 다만 피치노는 뜨겁지 않으며 활활 타오르지 않는다는 것이다. 피치노는 스승으로서의 소크라테스를 찬양한다. 알키비아데스를 흉내내는 것인지도 모른다. 그러나 다행스럽게도 피치노가 사랑하는 대상은 인간이 아니라 신이다. 인간을 사랑하면 곧바로 절망을 대가로 얻게 되지만 신을 사랑하는 것은, 죽도록 충족에 이를 수 없다는 본연의 양상 때문에 죽을 때까지 사랑을 그치지 않을 수 있다는, 그리하여 목숨이 붙어 있는 한 영원한 사랑을 구가하는 극상의 행복을 누릴 수 있다.

피치노가 보는 세계는 신의 작품이다. 이 세계의 구조는 일찍이 플로티노스가 알려 주었던 것처럼 신이 천사를 통해서 또는 영혼을 통해서 빛을 비춤으로써 구축되었다. 인간은 이렇게 빛을 내려 보낸 신, 아름다움을 향한 격정, 사랑을 가슴에 품는다. 신에 대한 이 사랑이 이제 15세기 르네상스(콰트로첸토)[31]의 예술가들에게 영감의 원천이 된다. 신이 만든 이 세계는 아름답다. 아름다움은 어떻게 식별해 내는가. 피치노는 알베르티처럼 비례에 의한 조화가 아름다움을 빚어낸다고 찬양한다. 그는 고대의 현인賢人들을 두서없이 불러온다. 피타고라스가 등장하고 엠페도클레스가 거론된다. 콰트로첸토의 경건한 기독교도들은 신을 찬양하면서 이처럼 서로 연결되지 않는, 고대의 사람들을 불러다 나란히 세워 놓는다. '재생'再生이라 하면서. 아무리 고대인들이 호명되어도 피치노의 목표는 굳건하다—신과 같은 본성을 갖고자 하는 것, 신과 하나가 되려는 것, 신적 모방.[32] 이러한 모방 안에서 사랑과 지적 관조는 하나가 된다. 그러나 이러한 결합은 결코 지상에서 성취되지 못한다. 콰트로첸토가 그렇게 짧은 기간 동안에만 작동했던 것은 바로 그 때문이었다. 이상은 가슴속에 가득 차 있으나, 그것을 이루지 못하는 안타까움은 사람을 지치게 하고 방황하게 하고 쓸쓸함에 빠뜨리고 마침내는 육체의 관능으로 흘러드는 것이다. 훗날의 낭만주의자들은, 루터 이후 신에 대한 믿음이 분열되어 황폐해진 세상을 돌이켜보면서 콰트로첸토의 열망과 사랑을 되살려 내려 한다. 이는 또 다른 재생이다.

베르너 좀바르트는 콰트로첸토의 사랑과 아름다움을 논한다.

"보티첼리의 〈봄〉과 〈비너스의 탄생〉에서는 여자와 여성미에 대한 사랑이 당당하게 등장하였다."[33]

콰트로첸토에 이르러 우리는 여성이 벌거벗고 있는 모습을 볼 수 있고 감각적인 사랑을 느낄 수 있다. 사랑은 더 이상 경건함의 외관을 갖지 않는다. 보티첼리의 회화들은 이러한 시대의 단적인 표현이다. 신성하고 경건한 상징들이 천상의 지복至福과 즐거움을 제시하고 있다 해도 눈에는 불쾌감마저 불러일으키던 음울하고 기묘한 중세 그림들은 사라지고, 감미로운 색조와 풍성한 입체감, 다사로운 선과 아릿한 시선의 육체들이 불현듯 우리 눈앞에 등장한다.

콰트로첸토의 사랑과 아름다움이 갑자기 등장한 것은 아니었다. 사랑은, 중세 말을 장식한 시인 단테에게도 중요한 주제였다. 《신곡》에서는 신에 대한 사랑 아래 놓이기는 하지만 베아트리체에 대한 사랑을 단테는 거침없이 고백한다. 콰트로첸토는 16세기(친퀘첸토)에 접어들면서 절정을 향하여 진전한다. 티치아노는 〈우르비노의 비너스〉에서 사랑과 아름다움의 합치를 완성한다. 이 회화를 얼핏 보기만 해도 우리의 영혼과 감각은 이제껏 체험하지 못했던 조화 속에서 통일되며, 사랑은 아름다움에 대한 아련한 동경이라는 것을 실감할 수 있으며, 그 아름다움은 만물의 균형 잡힌 모양, 그리고 일치와 조화에서 번져 나오는 우아함에 기인한다는 것을 알아차릴 수 있다. 쿠자누스, 알베르티, 피치노의 모든 변설辯說이 이 회화 하나에 응집되는 것이다.

콰트로첸토와 친퀘첸토에 활짝 펼쳐진, 사랑과 아름다움의 응결로서의 여성숭배는 이탈리아를 흠모하던 발루아 가家에 의해 프랑스로 흘러 들어간다. 프랑스는 강력하고 본능적인 감성의 시대, 세련미의 시대, 방탕의 시대, 부자연스러운 도착倒錯[34]의 시대를 차례로 거쳐가면서 사랑과 아름다움의 근대적 만화경萬華鏡(Kaléidoscope)을 과시한다.

아르놀트 하우저는 과도기나 다를 바 없는 콰트로첸토와 친퀘첸토에 이어지는 매너리즘을 시대와의 연관 속에서 규정한다.

"매너리즘은 16세기의 전 유럽을 동요시켰고 정치, 경제, 정신 생활의 모든 영역에 파급되었던 위기의 예술적 표현이다."[35]

위기

고전주의(Klassik)는 하나의 전범典範이므로 어디에나 그것의 흔적을 남기며 오래도록 지속된다. 그러나 콰트로첸토와 친퀘첸토의 고전주의[36]는 성립하자마자 그것을 세운 이들의 손으로 해체되어 간다. 죽기 직전에 가장 높은 물마루에 오른 현상처럼 그러하였다. 급작스럽게 예술가들은, 동일한 사랑과 아름다움의 이념을 여전히 간직하고 있으면서도 자기의식을 뿜어내기 시작한다. 더는 충실한 모방을 수행하지 않겠다는 태도[37]로 독자적 창조자가 되어 버린 것이다.

'르세상스'는 새로운 시대의 시작이 아니라 중세의 끝

무렵일 뿐이었다. 그때 이후 오랫동안 시대가 예술에 스며들어 예술을 뒤흔들었다. '르네상스' 시대에는 시대가 아직은 물길을 내지 못하고 급하게 흘러가기만 하는 격류처럼 사람들을 휩쓸고 지나갔으며, 고요하던 생활세계와 정치적 세계에 인공의 기계들이 파고들었다. 지치고 힘든 기색이 여기저기에 나타나는가 하면, 그러한 외부의 힘에는 밀리지 않는다는 정신의 강건함을 과시하듯이 정신의 과장된 표출마저도 나타난다. 의기소침과 호방함은 서로 다른 것이 아니었던 것이다.

미켈란젤로의 '노예들'[38]은 고통받는 인물들을 과장되게 표상하고, 파르미지아니노의 〈긴 목의 성모〉는 기이한 자세로 앉아 도무지 이해할 수 없는 몸짓을 하고 있다. 품안에 아기 예수를 안고 있는 건지 아니면 흘러내리도록 방치하고 있는지, 그것을 통해 무엇을 표현하고자 하는지 알 수 없다. 아폴론의 저주를 받아 거꾸로 매달린 채 〈살가죽이 벗겨지는 마르시아스〉의 모습은 차마 눈뜨고 볼 수 없을 지경이다. 바로 그 그림을 그린 이가 30여 년 전 쯤에는 〈우르비노의 비너스〉를 그린 티치아노라는 걸 믿을 수 있겠는가.

발터 벤야민은 바로크가 보여 주는 격정적 예
술의지를 집약한다.

"바로크는 형상화를 벗어나기 십상이었던 사
물들의 풍요로움을 피안으로부터 탈취해서
그것을 지상에서 강렬한 형태의 최정점으로
드러낸다."39

서구 중세는 기독교의 신 안에서 편안한 삶을 누리고 있었다. 그 시대에는 신이 있다는 것을 새삼스럽게 증명할 필요가 없었다. 부지런히 성사聖事를 다한다면 구원은 틀림없는 것이었다. 루터40도 이것에 의심을 품지 않았을 것이다. 그러나 그는 아무리 자신의 죄를 고백해도 구원을 확신할 수 없었다. 끝없는 의심이 밀려올수록 인간의 나약함에 대한 비관은 커졌다. 루터는 문득 구원은 오로지 신의 역사役事임을, 인간은 이 구원에 조금도 가담할 수 없음을 자각하였다. 그는 신의 전지전능함을 새삼스럽게 선언하였다. 그러나 구원이 인간의 소행을 넘어선

곳에서 결정된다면 일상의 행위, 심지어 선행이 무슨 소용이 있단 말인가. 무엇을 하며 살아야만 하는가. 여기서 프로테스탄트의 우울과 강박이 시작되었다.

신이 하는 일에 인간이 가담할 수 있다는 가톨릭, 그리고 그것은 결코 이루어질 수 없는 인간의 오만일 뿐이라는 프로테스탄트 사이의 분열은 종교의 영역에서만 일어난 것이 아니라 땅 위의 여러 영역에서 파열음을 내며 터져 나왔다. 어느 것이 먼저였는지 알 수 없다. 파열은 어느 하나가 시작하면 기다렸다는 듯이 여기저기서 일어나기 때문이다. 이 파열음들 사이에서 여전히 가톨릭을 신봉하는 궁정이든, 프로테스탄트를 받아들인 영주든, 어느 땅에 사는 시민들이든 누구나 자신만이 참된 신앙을 가지고 있음을 증명해 보이려는 열망으로 불타오른다. 열망은 살육으로 현실화된다. 1572년 8월 18일에 '여왕 마고'(La Reine Magot)라 불린 마르그리트 드 발루아와 앙리 드 나바르의 결혼식이 거행되었고, 여기에 참석하려고 프로테스탄트 교도들이 파리에 모였다. 이들을 습격한 가톨릭 교도들은 8월 23일 자정부터 24일 아침 사이에 프로테스탄트 교도 3000명 정도를 학살하였다. 나중에 앙리 4세가 되는 앙리 드 나바르의 생애는 그 자체로 종교와 정치가 얽힌 한없이 복잡한 현실 정치, 레알 폴리틱Real Politik의 집약체이다. 태어나서는 가톨릭 세례, 어머니의 영향으로 프로테스탄트로 개종, 가톨릭 교도와의 결혼, 성 바르텔레미 축일의 대학살에서 살아남기 위해 다시 가톨릭으로 개종한 뒤 파리에 감금, 탈출한 뒤 프로테스탄트 교도들과 힘을 합해 내전 시작, 내전에서 우세해지자 파리에 입성하기 위해 "파리는 미사를 드릴 가치가 있다"(Paris vaut bien une messe)고 선언하면서 가톨릭으로 다시 개종, 도대체 몇 번이나 가톨릭과 프로테스탄트를 오고 갔는지 헤아리기도 어렵다.

지상은 살육과 그것의 산물인 시신屍身으로 황량해지고 있는데 화가는 앙리 4세를 현전하는 초월적 존재라도 되는 양 찬양한다. 강력, 장엄 등의 형용어들을 떠올리게 하는 루벤스의 〈프랑스 왕비 마리 드 메디시스를 위한, 앙리 4세의 생애를 그린 연작 그림: 앙리 4세의 파리 입성〉은 아무리 좋게 보아도 지나치다. 앙리 4세가 죽은 지 20년 이후에 그려진 이 작품은 평화에 대한 루벤스의 소망을 넘치도록 반영한 탓인지 절제의 선을 넘어가 얼마

전까지만 해도 충실히 지켜졌던 조화와 비례를 저 멀리 팽개쳐 버렸다. 세상은 여전히 신을 필요로 한다. 눈앞의 현실이 참혹할수록 신 닮은 무엇에라도 매달리려 했을 것이다. 그것이 군주에 대한 흠모로 표출되었다. 앙리 4세를 지상에 내려온 신처럼 찬양하려는 화가의 예술의욕[41]이 화면을 가득 채운다. 천상으로부터 초월성을 '탈취해서' 그것을 제 몸에 두르고 17세기의 '예외상태'를 절멸시키려는 군주의 의지. 이는 인간에 대한 찬양이 아니라 분열을 극복해 주기를 바라는, 지상의 존엄체에 대한 간절한 소망이다.

부셰의 〈퐁파두르 부인〉은 아름답기보다는 부담스럽다. 지상에서 살아가고 있는 사람은 아닌 듯하고 천상의 여인은 더더욱 아니다. 편안하고 느긋하게, 나면서부터 지켜온 의례를 습관처럼 수행하던 이들이 어느 편에 서야 구원을 얻을지 몰라 전전긍긍하면서 내면에서 넘쳐나는 과도한 열망을 마구 표출해 버린 것이다. 예술가는 자신의 주관에 충실하고 그것은 거스를 수 없는 격류가 되었다. 고전주의는 철저하게 물러났고, 예술과 시대는 서로가 서로에게 얽혀 드는 것이다.

헤겔은 예술미를 역사적 맥락 속에 정위定位시키면서도 그것이 영원한 진리의 계기이기도 하다는, 시대정신으로서의 예술을 이야기한다.

"이상적인 것은 감각의 세계에 있으면서도 동시에 완결되어 있고, 정신은 감각적인 것에 발을 내딛으면서도 그것을 자신에게 다시 끌어오며, 자신에 의거하면서도 자유롭게 외적인 것에서 스스로를 지닌 채 그것을 향유하면서 행복의 울림을 모든 것을 통해 퍼져 나가게 하고, 외적인 것이 제각기 펼쳐진다 하여도 스스로를 결코 상실하지 않고 언제나 자신의 곁에 머문다. 이것은 미적인 것으로서 자연적인 것에 대비되는 이상의 가장 보편적 규정이다."[42]

'르네상스'는 신의 은총과 인간의 자유의지로써 구원에 이를 수 있다는 가톨릭의 교조를 여전히 간직하고 있으면서도, 격렬한 시대의 파도를 이겨내고자 신의 세계지배를 눈으로 확인하려는 조바심이 합리주의라는 객관성으로 표출된 시대였다. 이러한 표출의 절정이었던 이상주의는 '위대한 양식'(maniera grande)을 낳아 놓았지만, 시대의 엄혹함과 격렬함은 이를 지워 버리고, 이상은 아련한 추억처럼 잦아들었다가, 18세기 말 독일에서 재생된다. 낭만주의자들도 신을 필요로 한다. 그리하여 그들은 신의 다른 이름인 초월적인 것을 찾으나, 콰트로첸토의 사람들과는 달리 이들에게는 비례도 척도도 없다. 이들을 끌고 가는 힘은 '동경'(Sehnsucht)이다. 이들은 무언가를 열망하며 그것을 찾아다닌다. 그들에게 미는 진리와 같은 것이었다. 실러는 이 모든 것을 집약하여 미를 최고의 것이라 찬미한다. 실러에게 미는 그림자, 우연한 유한성에서 벗어난 참다운 정신의 총화總和이다.

청년기에 낭만주의에 젖었던 헤겔 또한 진리와 좋음은 아름다움 안에서만 서로 연관될 수 있다는 것, 그런 까닭에 진리를 추구하는 철학자는 시인이 되어야만 하고 미감적 힘을 가져야만 한다는 것, 그로써 인류의 교사가 되어야 한다고 주장하였다. 그렇지만 만년의 헤겔은 우리가 살아가는 생활세계의 감각을 놓지 않는다. 인간은 공동체 안에서 생활하며, 인간의 산물의 하나인 예술미는 역사적 공동체적 행위에 의해 산출된 것임을 천명하는 것이다. 그러면서도 헤겔은 그것이 그저 덧없는, 한때의 행위의 소산에 그치는 것을 용납할 수 없어, 영원히 존재하는 절대적 정신이 구체적 현존을 얻어 지상에 현현하는 것이라 강변한다.[43] 그렇다 하여도 우리 시대는 절대적인 것을 놓아 버렸다. 우리는 우리 앞에 놓인 것 뒤에 어떤 보이지 않는 빛의 실이 연결되어 있음을, 절대적 정신이 숨어 있음을 승인하지 않는다.

로스 킹은 에두아르 마네의 마지막을, 그의 전 생애를 압축하면서 담담하게 묘사한다.

"1882년 마네는 그의 전 작품을 통틀어 가장 훌륭한 그림 중 하나인 〈폴리베르제르의 술집〉을 전시했지만, 언제나처럼 당황해하는 대중의 반응에 실망했다. 그것이 그의 마지막 살롱 전시였다. 이 시기 그는 수년 전 걸린 매독으로 인한 통증과 신체 조절 문제로 고생하면서도 작품을 끝냈지만, 이후 심하게 아팠다. 1883년 4월에는 괴저에 걸린 왼쪽 다리 무릎 아래를 절단했다. 그는 2주도 지나지 않아 4월 30일 쉰한 살 나이로 운명했는데, 이는 〈풀밭 위의 점심식사〉가 처음 낙선전에 공개된 지 거의 20년이 지난 때였다."[44]

• 이후 심하게 아팠다

물가 풀밭에 의복을 갖춰 입은 남자 두 명이 비스듬히 앉아 있고, 그 사이에 벌거벗은 여자가 다리를 살짝 뻗고 있다. 그는 관객을 말끄러미 쳐다본다. 마네의 그림 〈풀밭 위의 점심식사〉[45]에 등장하는 벌거벗은 그가 바로 인상주의를 이끌어냈다. 처음 전시되었을 때에는 수많은 비난을 불러일으켰지만 결국 이 그림은 19세기 후반의 반항들 중에서 불멸을 획득한 몇 안 되는 것들 중의 하나가 되었다.

19세기는 공업화의 진전과 자본주의의 전면적 승리에 발맞춘 경제적 합리주의, 역사과학과 정밀과학의 발전 및 그것과 결부된 사유의 과학주의, 계속된 혁명의 실패와 그 결과 생겨난 정치적 현실주의 등의 요란한 술어로써 규정되곤 한다. 그러나 19세기 후반의 파리는 사라짐과 새로움 사이에서 혼란스러울 뿐이었다. 물론 1850년을 경계선으로 삼아 날 선 대조들이 보이긴 한다. 그 전에는 앵그르와 다비드 같은 고전주의자들과 들라크루아 같은 색채주의자가 있었지만 그 후에는 쿠르베의 사실주의와 모네의 인상주의가 나왔다. 그 전에는 낭만주의 시인과 소설가가 있었지만 그 후에는 플로베르, 보들레르의 간결하며 예리하게 날이 선 산문과 시가 나왔다. 그러나 이들에게는 확신이 없었다. 자신들이 진리를 파악했다는 확신이 없었던 것이다.

지금은 이렇게 그럴싸한 말들로써 인상주의를 치장하는 우리들이 과연 19세기에 그것을 마주했다면 무슨 말을 했을까. 울퉁불퉁하던 세계가 돈 앞에 무너져 평탄하게 되어 가던 세계에서, 프랑스와 프로이센의 전쟁 때문에 애국심이 파탄 나는 세계에서, '파리코뮌'이라 불리는 계급투쟁의 시가지 전투에서, 인상주의 화가들은 유례없는 혹평을 견디면서 자신들의 그림을 고수했다. 분명 그들은 19세기라는 시대의 혼란함과 교감하고 있었고, 당대의 '높으신 분'들은 시대를 살아가지 못하고 있었다. 예술가는 정치적 권위도 후원자도, 더 나아가 관객도 믿어서는 안 되는, 오로지 자신만을 믿어야 하는 시대였던 것이다. 그리고 그렇게 자신을 믿었던 자들은 후대의 평가를 얻어 불멸을 획득하게 되었다.

라케다이몬을 방문한 텔레마코스와 손님들에게 술을 대접하면서 헬레네와 메넬라오스는 대화한다.

"헬레네는 약을 집어넣고 술을 따르게 한 다음 다시 남편에게 이런 말로 대답했다.

'제우스께서 양육하신 아트레우스의 아들 메넬라오스여,

그리고 그대들 훌륭한 분들의 아드님들이여! 신께서는

오늘은 이 사람에게 내일은 저 사람에게 행복과 불행을 주시지요,

제우스 말예요. 그분께서는 전지전능하시니까요. 그러니 그대들은

지금 홀에 앉아 음식을 드시며 환담을 나누도록 하세요.

나도 거기에 맞는 이야기를 할까 해요.

(…)

그때 다른 트로이아 여인들은 소리 높여 울었

• 당신이 한 말은 모두 도리에 맞는 말이오

으나 나는 마음이

흐뭇했어요. 내 마음은 벌써 오래 전부터 다시 고향으로 돌아가기로

돌아섰고, 그때는 나도 이미 아프로디테가 나로 하여금 내 딸과

내 신방新房과, 지혜와 생김새에서 누구 못지않은 내 남편을

버리게 하고 내 사랑하는 고향 땅에서 그리로 인도할 때

내게 씌웠던 그 미망迷妄을 한탄하고 있었으니까요.'

금발의 메넬라오스가 그녀에게 이런 말로 대답했다.

'여보, 당신이 한 말은 모두 도리에 맞는 말이오.'"46

여신 테티스와 인간 펠레우스의 결혼식에 불화의 여신 에리스가 초대받지 못하였다. 결혼식에 불화의 여신이

초대받지 못하였다는 것은 결혼식의 본성상 당연한 일일 것이다. 에리스는 앙심을 품고 신들 가운데 '가장 아름다운 이에게'라는 글자가 새겨진 황금 사과 하나를 던진다. 헤라와 아프로디테와 아테네가 모두 자신의 것이라 주장한다. 여신들은 나라를 망칠 것이라는 예언 때문에 부모에게 버림받고 트로이아 근처에서 목동 노릇을 하던 파리스에게 심판을 맡긴다. 세 여신은 파리스에게 각각 대가를 제시한다. 헤라는 아시아에 대한 통치권, 아프로디테는 세상에서 가장 아름다운 여인, 아테네는 전쟁에서의 승리를 보장한다. 파리스는 아프로디테의 것이라 판정하고 아프로디테는 헬레네를 데리고 가는 것을 도와준다. 아카이오이 족의 영웅들은 오뒷세우스의 제안에 따라, 메넬라오스와 헬레네의 결혼 당시 '헬레네의 남편의 권리'를 지켜주기로 맹세하였기 때문에 트로이아 전쟁에 가담하지 않을 수 없었다.

헬레네는 여신이 자신을 파리스에게 데려가는 것에 저항할 수 없었다. 그렇다고 해서 자신의 뜻이 전혀 없는 상태에서 파리스에게 간 것도 아니었다. 헬레네와 파리스의 결합은 분명 헬레네에게는 "미망"이었다. 헬레네의 삶은 신의 명命에 따르는, 그렇지만 오로지 신에 의해서만 결정되는 것이 아닌 인간의 유전流轉을 보여 준다. 메넬라오스는 헬레네가 자신을 버리고 파리스에게 간 것을 비난하지 않는다. 그 행위가 헬레네의 의지로써만 이루어진 것이 아님을, 신의 뜻과 인간 행위의 미묘한 결합이 모든 것에 작용하는 것을 알기 때문이다. 메넬라오스는 그것이 "도리", 즉 세상의 이치임을 인정한다. 세상의 이치는 이러하다. 우리는 우리의 삶을 온전히 우리 자신의 의지로써 결정할 수 없다. 계몽주의 이래 주체에게는 지속적으로 보존되는 자기 정체성이 있다고 믿어 온, 자기 완결적 개체를 추구하는 근대인은 이것을 인정하고 싶지 않아 한다. 근대인은 수없이 많은 정체성을 자신 안에 들여오면서 "많이도 떠돌아 다닌", "꾀가 많은" 오뒷세우스를 이해할 수 없다.[47] 신은, 그리고 뭔지 알 수 없는 세상의 힘은 인간을 끌어당겨 어디론가 가게 하고 인간은 그 힘에 이끌리면서도 자신의 의지를 덧붙여 행위를 만들어 간다. 정해진 것은 아니지만 그렇다고 제멋대로일 수도 없다.

• 당신이 한 말은 모두 도리에 맞는 말이오

아름다움은 무엇일까. 어딘가에 절대 불변의 아름다움이 있는 것일까. 아름다움에 관한 논의는 '내가 아름답다고 하면 아름다운 것이다'이든지 '아름다움의 기준은 나나 네가 아름답다고 하는 것과는 무관하게 변함없이 따로 있다'이든지 '아름다움의 기준이 따로 있기는 하겠지만 그것은 때에 따라 변하는 것이고 그 변화에 따라 세상 사람들이 어느 정도 합의하는 것이다'이든지 일 것이다. 아름다움은 즐거움을 주며 좋은 것이다. '좋다/싫다'의 좋음이든 '좋다/나쁘다'의 좋음이든. 나에게만 좋은 것일 수도 있고, 내게도 네게도 좋은 것일 수도 있다. 많은 이들에게 좋은 것이면 더 좋은 것일테고 널리 사랑받는 것일 수록 더 사랑스러울 것이다. 물론 나 혼자만 내 눈에만 사랑스러워야 좋은 것이 없지는 않겠지만 그 기준에 관한 절대적 합의에 이르지는 못해도 아름다움과 사랑과 좋음은 이처럼 어렴풋하게나마 서로 연결되어 있는 듯하다. 그러나 더러는 더 사랑스러운 것, 더 아름다운 것, 더 좋은 것에 대한 갈증이 있다. 지금 내가 가진 것에서 뭔가 아쉬움을, 결핍을 자각하면서 이러한 갈증이 생겨난다. 결핍의 자각과 필연적이지는 않아도 그에 이어지는 충족

• 당신이 한 말은 모두 도리에 맞는 말이오

에의 갈망이 '에로스'라 불리는 것일 게다.

현학玄學을 자부하는 이들은 결핍과 갈망의 이중적 계기를 철학과 시에서 이리저리 논변해 왔다. 앞으로도 그러할 것이다. 그러니 당분간은 그저 내 것이 좋고 아름답다고 생각하기보다는 좋고 아름다운 것을 내 것으로 하자고 결심해 두기로 한다. 그러면 사랑은? 멀리 갈 것 없이 당장 내 곁에 있는 것을 사랑하기로 하자.

시간과 공간은 선험적이지 않다. 그것들을 인류는 아주 아주 오래 전부터 똑같은 것으로 가지지 않았다. 21세기 여기에 사는 인간의 시간과 공간에 관한 개념은, 21세기라는 시대와 여기라는 장소가 우리에게, 여기서, 지금 제대로 살아가게 하려고 훈육한 것일 게다. 각각의 시대는 각각의 시간 방식에, 각각의 장소는 각각의 공간 방식에 얽매여 있다. 네가 바라보는 미인과 내가 바라보는 미인은 네가 가진 방식과 내가 가진 방식에 얽매여 있다. 너의 아름다움과 나의 아름다움은 다르다. 아름다움은 내 것이요, 사랑은 내 곁에 있다.

주해註解

1. 소식蘇軾(1037~1101), 〈적벽부〉赤壁賦. 소식은 북송北宋의 사상가이자 문인. 호는 동파東坡. 〈적벽부〉는 동파가 황주黃州로 유배되어 갔을 때 지은 것으로 두 편이 있는데, 7월에 지은 것을 '전前 적벽부', 10월에 지은 것을 '후後 적벽부'라 한다. 인용 구절은 '전 적벽부'의 것이며, 전문은 아래와 같다.

임술년 가을 7월 16일 소자가 손님들과 함께 배를 띄우고 적벽 아래에서 놀았다. 맑은 바람은 천천히 불어오고 물결은 일지 않았다. 술을 들어 손님들에게 권하며 명월의 시를 읊조리고 요조의 장을 노래하였다. 얼마 안 있어 달이 동쪽 산 위로 떠올라 북두칠성과 견우성 사이를 오간다. 흰 이슬은 강 위에 비껴 있고 물빛은 하늘에 닿았다. 갈대잎 하나가 가는 대로 놓아 만경의 넓은 곳을 건너간다. 넓고도 넓으니 허공을 의지하여 바람을 탄 것 같아 멈출 바를 모르니 가볍게 나부껴 세속을 떠나 홀로 서 있고 날개가 돋아 신선이 되는 듯하다.

이에 술을 마시고 즐거움이 더해져 뱃전을 두드리며 노래를 부른다. 노래하기를, "계수나무 노와 목란 상앗대로 투명한 강물을 치며 흐르는 빛을 거슬러 오른다. 아득히 멀다, 내가 품고 있는 마음. 하늘 한구석의 미인을 바라본다." 손님들 중에 통소를 부는 이가 있어 노래에 기대어 화답하니 그 소리가 구슬퍼 원망하는 듯 사모하는 듯, 우는 듯 하소연한다. 남은 소리가 가늘고 길어 실오라기처럼 끊어지지 않으니 깊은 골짜기의 교룡을 춤추게 하고 외로운 배의 과부를 흐느끼게 한다.

소자가 애처로운 낯빛으로 옷깃을 바르게 하고 단정히 앉아 손님에게 묻는다. "어찌 그러한가?" 손님이 말한다. "달은 밝고 별은 듬성듬성한데 까마귀와 까치가 남쪽으로 날아간다'는 것은 조맹덕의 시가 아닌가. 서쪽으로 하구를 바라보고 동쪽으로 무창을 바라보니 산천이 서로 얽혀 울창하게 들어서 있는데, 이는 조맹덕이 주랑에게 곤욕을 당한 곳이 아닌가. 바야흐로 형주를 깨뜨리고 강릉으로 내려와 강물을 따라 동쪽으로 갈 때 선미船尾와 선두船頭가 천리에 이어지고 군기는 허공을 덮었는데, 술을 따르고 강가에서 긴 창을 비껴들고 시를 읊었으니 참으로 한 시대의 영웅이었으나 지금은 도대체 어디에 있는가. 하물며 나와 그대는 강가에서 고기를 잡고 나무를 하며 물고기와 새우를 짝하고 고라니와 사슴을 벗 삼으며 한 잎의 좁은 배를 타고 표주박 잔으로 서로에게 술을 권하며 하루살이 삶을 천지에 의지하니 아득한 바다의 좁쌀이다. 우리 인생이 한순간인 것이 슬프고 장강의 무궁함이 부럽다. 날으는 신선을 끼고 즐겁게 노닐고 명월을 안고 오래 살고 싶으나 갑자기 그렇게 할 수 없음을 알기에 서글픈 바람에 퉁소 소리를 실어 보았다."

소자가 말한다. "손님도 저 물과 달을 아는가. 물은 이처럼 흐르지만 가 버린 적이 없고, 차고 비는 것이 저와 같지만 끝내 없어지지도 늘어나지도 않는다. 그 변함에서 보려 하면 천지는 일찍이 한순간도 가만히 있지 못하나 그 변하지 않음에서 보려 한다면 사물과 내가 다함이 없으니 어찌 또 부러워하겠는가. 또한 천지 사이에 물건은 각기 주인이 있으니 내가 가진 바가 아니라면 한 털끝도 취하지 말아야 하거니와 오로지 강 위에서 부는 맑은 바람과 산 사이의 밝은 달은 귀로 들으면 소리가 되고 눈을 대면 색을 이루어 취하여도 금하지 않고 써도 다하지 않으니 이는 조물주의 다하지 않는 보고이며 나와 그대가 함께 누리는 것이다."

손님이 기뻐하여 웃고 잔을 씻어 다시 술을 따르니 안주와 과일이 이미 다하였고 술잔과 소반이 낭자하였다. 서로 배 가운데 베고 깔고 누워서 동쪽이 이미 훤하게 밝음을 알지 못하였다.

동파는 문인으로서 널리 알려져 있지만 그의 사상이 북송에서 차지하는 위치를 간과해서는 안 된다. 이에 대해서는 쓰치다 겐지로(土田健次郎)의 언급을 참조할 수 있다. "소식의 모든 의론을 문학적이라는 표현으로 귀착시키는 것만으로는 북송의 사대부 사회에서 제거할 수 없는 잔상을 남기고 죽은 소식을 파악하기에는 너무도 조잡하다. (…) 소식의 사상적 발언은 그가 생존하던 시대의 사대부의 문제의식에 입각한 것이다. 단지 소식은 그 문제의식에 무반성하게 편승하여 다른 사대부들과 동등한 장에서 의론을 전개했던 것이 아니라 그 문제의식 자체를 검증했다. 소식은 이러한 문제의식과 관련하는 것에서 동시대적이며, 문제의식 자체에서 반성을 구했던 이가 바로 소식이었던 것이다"(쓰치다 겐지로, 《북송도학사》, 예문서원, 2006, 463쪽).

2. 주관적 심성이 객관에 작용함으로써 일종의 의미체를 일회적으로 형성해 내는 활동을 '놀이'라 할 수 있을 것이다. 즉자적으로 존재하던 객관은 놀이를 통함으로써 주관에 의해 전혀 새로운 의미를 부여받은 대상이 되는데, 이때 놀이는 주관과 객관 어디에도 귀속되지 않는, 바로 그 놀이가 행해지는 순간에만 작용하는 개념적 원리이다. 놀이에 대해서는 가다머의 다음 언명을 참조할 수 있다. "놀이함의 가장 근원적인 의미는 중간태적

인 의미다. 예를 들어 우리는 어떤 것이 어떤 곳에서 혹은 어떤 시간에 '활동한다'(spielen)고 말하고, 어떤 일이 '벌어진다'(sich abspielen), 어떤 것이 '작용한다'(im Spiele sein)고 말한다"(가다머, 《진리와 방법》, 문학동네, 2012, 1권, 154쪽). 놀이에 대한 상세한 논의는 하위징아(Johan Huizinga)의 《호모 루덴스—놀이하는 인간》(연암서가, 2010)을 참조하라.

3. 동파가 적벽 앞에서 손님과 함께 배를 띄우고 부른 노래는 《초사》楚辭, 〈구가〉九歌, '상군편'湘君篇에 나온 구절에서 따온 것이다. 동파는 자신의 눈앞에 펼쳐진 광경을 보고 생겨난 감흥을 표현하기 위하여 전혀 새로운 말을 지어낸 것이 아니라 오래 전부터 전해 내려온 시가를 인용하였다. 그런 점에서 〈적벽부〉는 동파 자신의 독창적 창작이 아니라 할 수도 있다. 그렇지만 어디에선가 전해진 시구를 다시 읊는 것이 시인의 독창성을 훼손하는 것은 아니다. 시인은 하늘의 음성을 듣고 인간에게 전해 주는 이로 여겨지기도 하였기 때문이다. "계수나무 노와 목란 상앗대"는 초 지역의 무격巫覡이 하늘에 기도할 때 사용하던 나무로 만든 것들이다. 이 나무들은 신목神木인 것이다. 따라서 "계수나무 노와 목란 상앗대로 강물을 치며 흐르는 강물을 거슬

러" 오르는 것은 하늘과 대화하려는 행위이다. 동파는 초나라의 노래를 떠올려 부르면서 무격의 행위를 재현하고 있다. 동파가 바라보는 것은 "하늘 한구석의 미인"이다. 이는 동파의 마음속에 그리고 있던 실제의 미인이 하늘에 투사된 것일 수도 있고, 인간세人間世를 벗어난 이상적 아름다움의 상징으로 이해할 수도 있을 것이다. 초의 무격은 하늘과 대화하였고, 동파는 초의 무격을 떠올리며 하늘을 바라본다. 무격은 시인에게 영감을 주었고 시인은 그 영감으로써 시를 내놓았으며, 수많은 세월이 흐른 뒤에도 그 시를 읽는 이들이 있다. 그렇다면 오늘날 동파의 시를 읽는 이들은 무엇을 읽는 것인가. 초의 무격들이 전해 준 하늘의 이야기를 읽는 것인가, 아니면 동파의 시를 읽는 것인가, 아니면 시를 읽을 때 자신 안에서 생겨나는 감흥을 느끼고 있을 뿐인가.

4. 헤시오도스Hesiodos, 《신들의 계보》(Theogonia)(도서출판 숲, 2009), 25~28행.

5. 헤시오도스의 《신들의 계보》는 초기에 신과 인간이 대화하는 방식에 대해 알려 준다. 신들은 산에서 목동에게 일방적으

로 말을 건넨다. 헬리콘 산은 신성한 곳이므로 양 떼를 치는 목동은 일반 사람이 아니다. 신과 접촉할 수 있는 자격이나 능력을 갖춘 일종의 무격이다. 무격에게 신은 자신의 이야기를 전한다. 파르메니데스의 단편에서 유사한 대화방식을 확인할 수 있다. "충동(thymos)이 미치는 데까지 나를 태워 나르는 암말들이 [나를] 호위해 가고 있었다, 그들이 나를 이끌어 이야기 풍성한(polyphēmos), 여신의(daimonos) 길로 가게 한 후에"《소크라테스 이전 철학자들의 단편 선집》, 아카넷, 2005, 270~271쪽, DK28B1). 여기서 여신들은 "나를" 암말에 태워 자신들의 거처로 데려간다. 여신은 많은 이야기를 가지고 있고, 그것을 전해 주려 한다. 인간이 여신에게 이야기를 들려 달라고 요청하는 일은 헤시오도스에서와 마찬가지로 아직 일어나지 않는다.

6. 제우스와 기억의 여신인 므네모쉬네Mnemosyne 사이에 태어난 딸들인 무사Mousa(복수형 Mousai) 여신들이 맡은 영역은 다음과 같다. 클레이오Kleiō(명성)는 역사, 에우테르페Euterpē(기쁨)는 피리와 피리가 반주하는 서정시, 탈레이아Thaleia(풍요로움)는 희극과 목가牧歌, 멜포메네Melpomenē(노래)는 비극, 테릅시코레Terpsichorē(춤의 기쁨)는 무용, 에라토Eratō(사랑스러

움)는 뤼라와 뤼라가 반주하는 서정시, 폴륌니아Polyhymnia(많은 노래)는 찬신가讚神歌와 무언극無言劇, 우라니아Ourania(하늘)는 천문학, 칼리오페Kalliopē(아름다운 음성)는 서사시. 이들은 오늘날 일반적으로 예술의 영역에 속하는 것들을 맡고 있다. 천문학이 자연과학의 영역으로 분류된 것은 얼마되지 않은 일임을 고려할 필요도 있다. 서사시의 여신 칼리오페가 가장 빼어나다고 하는 것은 희랍에서 서사시가 최고의 예술 작품이었음을 시사한다. 서사시는 불멸의 신이 필멸의 인간에게 전해 주는 세계의 이치를 담고 있으며, 매개자인 시인은 그것을 달콤하게 읊조린다. 여전히 신의 뜻이 일방적으로 관철되기는 하지만 서사시의 전통을 이은 비극은 더러 신 앞에 선 인간의 오만과 갈등을 표출하기도 한다.

7. 신의 절대적 권능에 절대적으로 복종하는 내용을 담고 있는 《구약성서》의 〈시편〉은 인간의 불쌍함을 간절하게 노래한다. "하느님, 크신 자비로 저를 불쌍히 여기소서"(Miserere mei, Deus, secundum magnam misericordiam tuam)(〈시편〉, 51편 31절). 이에 대해서는 루오(Georges Henri Rouault, 1871~1958)의 판화에 정양모, 정웅모가 해설을 덧붙인 《Miserere: 불쌍히 여기소

서》(기쁜소식출판사, 2016)를 참조하라.

8. 호메로스Homēros, 《오뒷세이아》Odysseia(도서출판 숲, 2015), I, 1~2행.

9. 시인 호메로스는 신에게 이야기를 들려 달라고 한다. 헤시오도스나 파르메니데스의 경우와는 다르다. 이는 시인이 적극적으로 인간과 신을 매개하고 있는 것으로 이해할 수 있다. 시인은 배타적으로 신의 이야기를 전해 듣는 존재이므로 다른 사람들에게 신의 대리인처럼 여겨졌을 것이며, 그것으로부터 일종의 권력을 가진 존재가 되었으리라 짐작할 수 있다. 시인이 사람들에게 들려주는 이야기는 형식상 모든 사건이 끝난 다음 그것을 조망한 신이 들려주는 것이고 신적인 관점에서 구성된 것이므로, 시인은 자연스럽게 신의 입장에 올라선 사람으로 간주되었을 것이다. 시인의 이러한 지위는 철학자가 탐낼 만하다.

10. 플라톤Platōn, 《국가》(Politeia)(서광사, 2005), 1권, 331e.

11. 플라톤이 《국가》에서 시와 시인을 추방하고자 한 것은 예술

에 대한 적대감에서 비롯된 것이 아니다. 헤시오도스와 호메로스의 경우에서 분명히 알 수 있듯이 시인이 사람들에 끼치는 영향을 제거하고자 한 것이다. 시인들은 신의 이야기를 들려주는 사람으로 간주되었으며, 그에 따라 사람들은 시인의 말에 강한 신뢰를 가졌다. 시인의 이야기가 사람들의 삶에 파고들어 강력한 규범으로 자리잡고 있었으므로 지금까지와는 전혀 다른 규범과 삶의 방식을 아테나이에 제시하고자 했던 플라톤에게는 시인과 시가 무엇보다도 강력한 적이었던 것이다. 플라톤은 시의 내용이 비도덕적인 허구로 되어 있음을 문제 삼으며, 시가의 이야기 투가 등장인물을 있는 그대로 모방하고 있음을 비판한다. 그렇지만 그는 시가 가진 위력을 부인하지는 않는다. 시를 존중하되, 시는 도덕적인 내용을 냉정한 추론의 방식으로 전달해야 한다는 것이다.

시와 시인에 대한 비판은 《국가》 전반부에 등장하고, 10권에서 다시 한 번 등장하는데, 여기에서 플라톤 자신의 입장을 단호하고 정리하고 있다. "글라우콘! 호메로스의 찬양자들로서, 이 시인이 헬라스Hellas를 교육했으며 인간사人間事의 경영 및 교육과 관련해서 그에게서 배우고 그[의 가르침]을 따라 자신의 온 생애를 설계하여 살아가는 데 받들어 모실 만한 가치가 있다고 말하는 사람들을 자네가 만나게 될 때, 자네는 이들을 이들 나름으로는 가장 훌륭한 사람들로서 좋아하고 반겨야 하며, 또한 호메로스가 가장 시인다우며 비극 시인들 중에서도 으뜸 간다는 데 동의해야만 하네. 그러나 시 가운데서도 신들에 대한 찬가들과 훌륭한 사람들에 대한 찬양들만이 이 나라에 받아들여야 할 것들이라는 걸 자네가 알아야 하네. 하지만 만약에 자네가 서정시에서든 서사시에서든 즐겁게 하는 시가詩歌를 받아들인다면, 자네 나라에서는 법과 모두가 언제나 최선의 것으로 여기는 이성 대신에 즐거움과 괴로움이 왕 노릇을 하게 될 걸세"(《국가》, 606e~607a).

《국가》 10권은 올바름, 철학적 통치자의 자질과 교육, 나쁜 상태의 정체들에 관한 모든 논의를 마무리하는 부분인데 여기서 플라톤이 논하는 것은 시인과 시, 그리고 혼의 불사와 올바름에 대한 보답들이다. 인간이 지상에서 올바름에 따라 살아야만 하는 것에 대한 궁극적인 근거를 플라톤은 혼의 불사에서 찾는데 그것과 더불어 시인과 시에 대한 비판을 강력하게 제기하는 것이다. 그는 "이 싸움은 중대한 것"(608b)이라고 강조한다. 플라톤은, 호메로스의 서사시를 본으로 삼는 교육이 헬라스에서 가지고 있던 가치를 인정하지만 그것의 내용은 금지시켜야 한다고 본다. 본에 따른 교육(모방: mimēsis)이라는 헬라스 전래의 형식은 유지하면서도 그 본의 내용을 자신이 제시한 올바름으로 바꾸어야 한다는 것이다. 이는 "철학과 시 사이에는 오래된 일종의 불화(diaphora)가 있다"(607b)는 판단에 근거하여 내리는 처방이다. 물론 시를, 시라는 이유만으로 배척할 수는 없다. 그러나 시를 용인하려면 조건을 엄격하게 준수해야만 한다. "즐거움을 위한 시와 모방이 훌륭히 다스려지는(훌륭한 법질서를 갖는) 나라에 자기가 있어야만 하는 어떤 논거를 말할 수 있다면"(607c) 시는 받아들여질 수 있다. 또한 시를 옹호하는 이들은 "시를 위해서 운율 없는 말(산문)로 이에 대한 변론"(607d)을 제시해야만 한다. 이렇게 본다면 플라톤은 시를 용인한다고 하면서도, 이성적 논변과 산문으로써 옹호해야 함을 강조하고 있으므로 그의 근본 목적은 시의 폐기이며 시인의 배제라고 판단할 수 있다. 이처럼 플라톤은 자신이 살았던 현실의 아테나이에 대한 반성 위에서 설계한 정치체제에서 시와 시인을 용납할 수 없음을 분명히 하였으며, 아름다움과 운문에 대한 철저한 배척을 주장하였으므로 그의 대화편들에서 미에 관한 어떤 이론들을 찾는 것은 불가능할 것이다. 그렇지만 플라톤의 이론은 그 어느 철학자들의 그것보다도 더 오랫동안 미학과 예술이론의 근거가 되어왔다.

카시러(Ernst Cassirer)는 이러한 역설적 상황을 지적한다. "그는 《국가》를 기획하는 가운데 시인을 국가로부터 추방할 것을 요구했을 뿐만 아니라 그의 이론 전체에서 예술에 정신적 거주권을 허용하지 않았다. (…) 미학이 고유하고 독자적이며, 동일한 권리를 지닌 존재라는 것을 부인하는 이 체계보다 강력하고 포괄적인 미학적인 결과들을 산출했던 철학적인 이론은 없기 때문이다. 근본적으로 이제까지 철학사에 나타난 모든 체계적 미학이 플라톤주의였고 플라톤주의로 존재해왔다고 말한다면, 그것은 결코 지나친 주장이 아니다"(《괴테와 플라톤》, '에이도스와 에이돌론', 부북스, 2016).

미란 무엇인가, 무엇을 미로 규정할 것인가, 미라는 속성을 가진 대상이 자체로 있는가—이러한 물음들에 대한 답을 객관적 미에 대한 탐구가 가능하다는 전제 위에서 수행하는 학문 분과가 미학이다. 그러므로 미학은 현전하는 대상을 분석하고 기술하면서 그 안에서 미적인 것을 발견하려 하기보다는 미 자체를 문제 삼는다는 점에서 형이상학의 탐구와 마찬가지로 원리적 학문이며, 바로 그러한 이유로 미학을 아무리 폭넓고 깊게 연구하여도 미에 대한 안목이나 예술 일반에 대한 소양이 깊고 넓어지지는 않는다. 플라톤의 미학에 대한 연구도 마찬가지이다.

12. 플라톤, 《향연》(Symposion)(이제이북스, 2014), 210e.

13. 플라톤의 미학은 초월적 미학으로 규정되곤 한다. 이 규정에 따르면 플라톤에서는 인간의 감각 영역을 넘어선 초월적 영역에 아름다움 자체가 있으며, 이를 추구하는 행위가 에로스 erōs이며 이를 행하는 이는 아름다움을 추구하는 사람, 즉 에로티코스erōtikos라는 것이다. 플라톤은 《파이드로스》(문예출판사, 2008)에서 다음과 같이 말한다. "아름다움에 대해서 말하자면, 그것은 앎의 것들[여타의 이데아들]과 함께 있으면서 빛을 발하네"(250d~250e). 이 언명에 따르면 아름다움은 앎 자체와 같은 차원에 있는 것이다. 《필레보스》(서광사, 2004)에서는 아름다움 자체에 대해 더욱 확고하게 말한다. "내가 말하고 있는 건, 이것들은 다른 것들처럼 무엇인가와 비교해서 아름다운 것들이 아니라, 언제나 그 자체로 본성상 아름다운 것들이며, 뭔가 특유한 즐거움을 지니고 있어서, 간지러워 긁는 것과는 어떤 점에서도 같은 점들이 없다는 것일세. 그리고 빛깔들도 아름다운 것들은 이런 특성과 즐거움들 또한 갖추고 있네"(51d). 아름다운 것

들은 절대적으로 존재하며, 그 무엇과도 비교할 수 없는 쾌락을 준다. 이러한 아름다움을 추구하는 사람은 "사랑에 민감한(애정이 강한: erōtikos) 사람"(《국가》, 474d) 또는 "진리(alētheia)를 구경하기 좋아하는 사람"(475e)이라 불린다. 아름다움을 추구하는 사람이 사랑에 민감한 사람인 동시에 진리를 구경하기 좋아하는 사람이라는 것은 아름다움이 절대적 만족을 줌과 동시에 진리와도 같은 것임을 의미하며 더 나아가 윤리적 규준에도 합당한 것임을 함축할 것이다.

플라톤에서 아름다움 자체가 존재하는 방식은 일관적이지 않다. 플라톤은 그것이 현상 세계의 사물들과 분리되어 존재한다고 말하기도 한다. 《향연》에서 이야기하는, 갑자기 직관하게 되는 "본성상 아름다운 어떤 놀라운 것"(210e)이 그것이다. 이는 현전하는 사물들과 자신을 조금도 나누어 갖지 않는, 분리되어 존재하는 실재이며, 그런 까닭에 얼핏이라도 이것을 보았다 해도 인간은 이 실재를 완전하게 재현할 수 없고, 이 실재를 본으로 삼아 모방할 수 있을 뿐이다. 그러나 플라톤은 형상과 현상의 결합이나 관여를 말하기도 한다. "모든 형상形相(eidos)"은 "각각이 그 자체는 하나이지만, 여러 행위 및 물체와의 결합(교합, 관여: koinōnia)에 의해서 그리고 그것들 상호 간의 결합에 의해서 어디에나 나타남으로써, 그 각각이 여럿으로 보이네"(《국가》, 476a). 형상은 현상과 분리되어 있으나 현상에 관여하고 물체와 결합하여 물체에 내재되기도 한다. 그렇지만 물체에 아름다움의 형상이 관여한다고 해도 그것은 여전히 아름다움 자체가 아님을 알아야만 지혜로운 사람이다. 현상에 만족하는 사람은 아름다움을 추구하는 사람이 아니다. "듣기를 좋아하는 사람들이나 구경을 좋아하는 사람들은 아름다운 소리나 빛깔 및 모양을 그리고 이와 같은 것들로 만들어진 온갖 걸 반길 뿐, 이들의 사고思考(마음상태: dianoia)는 '아름다움(아름다운 것) 자체'(auto to katon)의 본성(physis)을 [알아]볼(idein) 수도 반길 수도 없을 걸세"(《국가》, 476b). 참으로 지혜로운 사람은 아름다움 자체도 알아차릴 수 있고 또한 그것이 내재된 현상도 구별하여 알아볼 수 있어야만 한다. 그는 "아름다운 것 자체를 믿을 뿐만 아니라, 이것과 이것에 '관여하고 있는 것들'(ta metechonta)을 알아볼 수 있는, 그래서 '관여하고 있는 것들'을 '그것 자체'(auto)로 생각하거나 또는 '그것 자체'를 '관여하고 있는 것들'로 생각하고 있는 일도 없는 사람"(476c~476d)이다. 아름다움 자체가 분리되어 실재하든 아니면 분리되어 있으면서도 물체와의 결합을 통해 현상하든 에로티코스는 아름다움 자체를 아는 사람이며, 그가 이를 아는 방식은 아름다움을 직관하는 과정에 대한 논의가 주를 이루고 있는 《향연》에서 논의된다. 특히 '디오티마의 사다리'라 불리는 부분(209e~212a)은 에로스의 상승하는 힘과 각 단계를 에로스가 산출하는 것들에 대응시키면서 상세한 서술을 제시한다. 좋음과 아름다움 자체에 대한 욕구를 가졌다고 해서 누구나 혼자 힘으로 이 상승의 단계를 올라갈 수는 없고 반드시 인도자의 도움을 받아야 한다. 인도자의 도움을 받으며 이 상승의 단계를 올라가는 과정은 계속해서 뭔가 새로운 것을 산출하는 과정이다. 인도자가 곁에서 지켜보지만 그 단계를 겪는 것은 에로스를 가진 사람이고, 그는 자신이 만들어 낸 것에 대하여 어떠한 해석이나 비평을 하지 않는다. 달리 말해서 그가 산출하는 것은 즉자적 경험이지 대자적 해석과 비평이 아니다. 그가 산출하는 것의 성격도 단계에 따라 질적으로 달라진다. 처음에 그가 산출하는 것은 물질적인 것이지만 단계가 올라갈수록 정신적인 것을 산출하게 된다. 이러한 전환에 어떠한 것이 개입되는지는 언급되지 않는다. 그러나 선행하는 물질적 정신적 산출물들은 최후에 정신적인 것을 보는 단계에서는 아름다움 자체로 지양된다. 각각의 단계에서 산출되는 것이 아름다움 자체를 나누어 가지고 있는지 측정할 수 있는 방도는 제시되지 않고 최후의 단계에서 직관하는 아름다움 자체가 선행하는 모든 것을 정당화한다. 이는 자신이 만들어 내는 것이 아름다움을 나누어 가진 것임을 상정하고 그곳을 향해 가는 것이라 할 수도 있을 것이다. 그런 까닭에 이 단계는 객관적으로 존재하는 아름다움을 향해 가는 것처럼 보이지만 사실은 자기확신적 진리를 낳아 놓는 도정이다. 초월적인 곳에 실재로서 존재하는 진리를 재생하고 모방하는 것이 아니라 스스로의 힘으로 진리와 아름다움을 창조하는 활동인 것이다. 이렇게 본다면 《향연》에 제시된 '디오티마의 사다리'는 아름다움 자체에 대한 형이상학적 논의라기보다는 미적인 것을 창조하는 '예술적 창작활동'에 대한 논의라고 할 수 있다.

미를 산출하는 것은 재현이 불가능한 일회적 활동이다. 이 활동은 이미 알려진 대상을 재생하고 모방하는 것이 아니라, 그것이 이미 알려진 대상을 재생하고 모방하는 것처럼 보일 때조차도 전혀 새로운 것을 형상화하는 활동이다. 그렇게 함으로써, 예술가는 영원한 원상原相인 이데아를 관조함으로써, 감각 세계를 탄생시킨 데미우르고스와 마찬가지로 새로운 것들의 창조자라는 지위에 올라설 수가 있다. 예술가는, 물질적인 것들을 경험하는 단계를 거쳐 정신적인 것에 이르는 것과 유사한 방식으로, 물질적 도구를 이용하여 작업을 하지만 감상자에게는 정신적 쾌·불쾌를 느끼게 함으로써 물질적인 것을 정신적인 것으로 변형시키는 기능(ergon)을 가지고 있다 하겠으며, 이 기능을 '놀이'라 할 수 있을 것이다.

14. 플라톤, 《티마이오스》Timaios(서광사, 2000), 87c.

15. 《향연》에서 제시된 '디오티마의 사다리'가 아름다움 자체에 대한 논의가 아니라 그것에 이르고자 하는 에로스의 도정에 관한 것이라면, 《티마이오스》에서는 아름다운 것, 좋은 것은 균형 잡힌 것이라는 주장이 제시된다. 이는 비례와 척도라고 하는 객관적 방식이며, 이것이 '양식'樣式의 단초가 된다. 따라서 플라톤은 《향연》에서는 예술가의 창조적 힘과 기능에 대해서, 《티마이오스》에서는 양식의 규준을 제시함으로써 예술의 주요 영역에 관한 전범典範을 내놓은 셈이다.

16. 플라톤, 《향연》, 215e.

17. 소크라테스와 알키비아데스의 관계는 사람을 진리와 아름

다움으로 이끌어 가는 인도와 인도자, 그리고 이끌려 가는 이, 즉 '선생과 학생'이라는 주제 아래서 논의할 수 있겠으나 다른 한편으로는 인도의 과정에서 진리를 전수하는 방식에 관한 것이라 할 수도 있다. 《향연》에서 알키비아데스가 등장하는 장면에는 몇 가지 함축이 담겨 있다. 알키비아데스는 술에 취해 있으며, 소크라테스가 전해 준 디오티마의 이야기를 듣지 않은 상태이다. 알키비아데스가 털어놓는 소크라테스와의 일화들에 따르면 소크라테스는 알키비아데스를 적극적으로 가르치지 않는다. 소크라테스는 여러 측면에서 '시치미떼기'(eirōneia, Ironie)에 능한 사람이다. 이는 우선 겉과 속이 다른 사람임을 가리킨다. 소크라테스는 무지한 척하지만, 속은 진중하고, 겉모습은 흉하지만 속은 아름답다. 이는 소크라테스의 외모와 관련된 것이다. 소크라테스 스스로는 '자신을 사랑하는 자'라고 하지만 사실은 다른 이들에게 '사랑받는 자'이다. 이처럼 '시치미떼기'로 가득 찬 사람인 소크라테스에게 뭔가를 배우고자 한 알키비아데스도 '시치미떼기'에 능한 면모를 보여 준다. 알키비아데스는 스스로가 "아주 심하게 취한 사람"(212e)이라 하면서도 "진실"을 말하겠다고 하는데, 이는 시치미떼기의 한 사례이다. 그는 인격 파탄자로 보일 수도 있다. 그런데 소크라테스는 《향연》의 마지막 장면에서는 통일된 자기정체성을 유지하고 있음을 보여준다. 그는 다른 이들이 모두 술에 취해 잠들었을 때에도 술에 취하지 않으며 혼자 일어나 평상시와 마찬가지로 하루를 보낸다. 알키비아데스는 분명히 소크라테스에게 뭔가를 배우는 일에 실패했다. 그가 배운 것은 표면적인 차원의 시치미떼기일 뿐이다. 《향연》의 독자들은 알키비아데스가 현실정치가임을 알고 있으므로, 이 실패를 보고 정치가는 지혜를 사랑하는 이가 될 수 없다는 것을 깨닫게 되었을 것이다. 그렇다면 알키비아데스는 무엇 때문에 배움에 실패하였는가? '연습 부족' 때문일 것이다. 《향연》은 아폴로도로스가 오래 전에 있었던 일을 전해 들었고, 그렇게 전해 들은 이야기를 다른 사람에게 전해 주기 위해서 오랜 시간에 걸쳐서 연습한 바를 바탕으로 전해 준 것을 기록한 형식으로 되어 있다. 아폴로도로스는 소크라테스를 직접 만나지도 못했으며, 그에 따라 당연하게도 소크라테스의 이야기를 직접 듣지도 못하였다. 그러나 아폴로도로스는 전해 들은 이야기를 부지런히 연습하였으며, 그 결과 그에게 이야기를 들은 이들은 사랑과 아름다움에 대해 알게 되었다. 직접적 전수가 아니라 해도 가르침은 이렇게 연습을 통해서 전해질 수 있음을 아폴로도로스가 실증해 보인 것이다. 가장 좋은 것은 직접적 교유와 전수일 것이다. 물론 그렇다고 해서 신적인 앎, 신적인 봄(見)이 전수될 수 있다는 보장은 이루어지지 않는다. 진리 전수에 작용하는 기술은 참으로 다양하기 때문이다. 시미치떼기도 그것들 중의 하나이다.

18. 플라톤, 《편지들(일곱째 편지)》(Epistolai)(이제이북스, 2009), 341c.

19. 플라톤은 자신이 주인공으로 등장하는 대화편을 쓴 것이 아니라 자신의 스승으로 알려진 소크라테스가 등장하는 대화편을 남겼다. 이를 두고 아직까지도 결말이 나지 않은 많은 논쟁이 벌어져 왔다. 그 논제들을 몇 가지만 추려 봐도, 심각하게 고민해 볼 만한 것들부터 우스워 보이는 것들까지 다양한 폭에 걸쳐 있다. 스승인 소크라테스가 등장한다고 해서 모든 대화편에서 소크라테스가 상대방을 논파하는 것은 아니다. 어떤 대화편에서는 소크라테스가 주변 인물이기도 하고, 어떤 대화편에서는 궁지에 몰리기도 한다. 어떤 대화편은 플라톤이 아닌 소크라테스의 생각이 담겨 있는 것으로 간주되기도 하고, 어떤 대화편은 소크라테스의 입을 빌려 플라톤 자신의 생각을 확고하게 말한

것으로 여겨지기도 한다. 《향연》이나 《티마이오스》는 플라톤 자신의 생각이 담긴 것으로 간주된다. 그런데 《향연》에서 제시되는 아름다움에 이르는 길은 객관적인 척도로써 측정되는 것이 아닌 반면 《티마이오스》에서 제시되는 아름다움은 수학을 매개로 하여 그것의 본이 구체적인 세계에 주어진다. 그렇다면 이렇게 상충하는 것으로 보이는 주장들 중에 어느 것이 플라톤 본래의 입장인 것일까?

《향연》에서 제시되는 것은, 형식적으로 보면, 소크라테스의 주장이 아니라 소크라테스가 전해 주는 디오티마의 이야기이다. 또한 《티마이오스》에서 제시되는 것은 소크라테스의 주장이 아니라 티마이오스의 주장이다. 그러면 《향연》과 《티마이오스》에 등장하는 주장들은 모두 플라톤 자신의 견해가 아닌 당대의 사람들이 알고 있던 논변들이라고 할 것인가. 플라톤 자신의 주장이라 확신할 수 있는 것은 그가 쓴 〈일곱째 편지〉에 있는 내용이다. 이것은 《향연》에 등장하는 '디오티마의 사다리'와 마찬가지로 진리와 아름다움에 관한 객관적 측정 규준을 담고 있지 않다. 진리와 아름다움을 추구하는 이들이 모여서 '공동 생활'을 하면서 성취하는 것이므로 보편적으로 공유할 수 있는 구체적인 무엇이기는 하지만, 말로 옮길 수 있는 것이 아니므로 공교公

敎적인 것이라 단언할 수 없다. 그런데 이들이 모여서 하는 일은 무엇이겠는가. 폭넓게 말하면 '연습'(meletē)이라 할 것이다. 아름다움을 추구하는 과정에서, 비례에 의존하든 갑자기 이루어지는 올라섬에 의존하든 연습은 필수적으로 요구된다. 비례를 알고 있다는 것과 그것을 체득하여 나날의 자잘한 삶에서 구현하는 것은 전혀 다른 일이다. 배워서 알게 된 것이라 해도 연습의 단계를 거치지 않으면 숙련에 이를 수 없고, 숙련에 이른 사람만이 갑작스러운 비약을 겪을 수 있다. 배움과 연습이 경계가 불분명한 상태로 이러한 연속체 안에 있음을 확고하게 전제한다면, 《향연》과 《티마이오스》의 주장은 상충되지 않는다.

그렇다면 '연습'은 구체적으로 어떤 방식으로 행해지며 그것이 산출하는 성과는 무엇인가. 그것은 플라톤의 제자로 알려진 아리스토텔레스가 제시하는 '품성상태'(hexis) 개념을 참조함으로써 해명할 수 있을 것이다. 일반으로 미 자체에 대한 형이상학적 논의를 전개하는 미학이라는 분과에 대해 아리스토텔레스가 기여한 바는 거의 없는 것으로 여겨져 왔다. 그는 미를 즐거움을 주는 것, 아름다움의 경험에 대한 앎이라 여기고, 미로 간주되는 것에 의해 생겨나는 주체의 심리적 경험을 주로 논의한다. 그의 '품성상태' 개념은 본래 예술적 경험에 관련하여 제시된 것이 아니다. 이 개념은 《범주론》과 《형이상학》에서 논리적 용어로 제시되었으며 이것이 주요한 역할을 하는 것은 《니코마코스 윤리학》(이제이북스, 2006)에서이다. "그러니 이렇게 정의로운 일들을 행함으로써 우리는 정의로운 사람이 되며, 절제 있는 일들을 행함으로써 절제 있는 사람이 되고, 용감한 일들을 행함으로써 용감한 사람이 되는 것이다"(1103b). 아리스토텔레스는 인간이 훌륭하고 윤리적인 행위를 하려면 훌륭하고 윤리적인 행위를 할 수 있는 습성이 있어야 한다는, 순환론처럼 보이는 주장을 전개한다. 달리 말하면 착한 일을 하려면 착한 일을 하는 습관이 있어야 하는데, 착한 일을 하는 습관이 몸에 배려면 착한 일을 해 버릇해야 한다는 식으로, 밑도 끝도 없는 이야기를 하고 있는 것이다. 그러나 아리스토텔레스가 주장하는 바는 명료하다. 처음에 사람들은 올바른 것이 무엇인지에 대해 막연한 생각만을 가진 상태이나, 그것이 있다는 것을 상정하고 그것을 일상에서 행하는 일에 착수한다. 다시 말해서 착한 일을 하는 연습을 시작하는 것이다. 그렇게 연습을 거듭 하게 되면, 사람은 '착함'이라는 상태(diathesis)에 놓이게 된다. 이렇게 착함의 상태가 몸에 배어들기 시작한 다음에도 연습을 게을리하지 않게 되면, 착함은 사람의 성격에 확고하게 자리잡게 되어 '품성상태'

라 불릴 수 있게 된다. 이처럼 연습은 착함이라는 보편적 이념을 자신의 것이라는 구체적인 것으로 전환시키는 활동이므로, '구체적 보편'의 실현을 이룩하는 계기라 하겠다. 그런데 일정한 품성상태의 형성은 개인의 차원에서만 이루어지는 것이 아니다. 헥시스hexis라는 희랍어는 라틴어 하비투스habitus로 번역되었고, 여기서 해비트habit(영어), 하[아]비투스habitus(독일어, 프랑스 어) 등이 나왔는데, 현대에 이 말들은 개인과 집단의 연관 속에서 사용된다. 다시 말해서 어떤 개인이 착한 품성상태를 가지려면 착한 공동체 속에서 생활해야만 한다는 것이다. 여기에서도 순환론이 작동한다. 사람이 착해지려면 그가 살고 있는 사회가 착해야 하는데, 사회가 착해지려면 사람들이 착해져야만 한다. 그렇다면 악한 사회를 착한 사회로 만들기 위해 어떻게 해야 하는가. 뭔가 결단이 내려져서 '모두 착해집시다'라는 말로 그것이 일어날 수는 없을 것이다. 집단의 품성상태는 초개인적인 것이지만, 그렇다고 해서 그 집단 구성원 각각의 품성상태와 아주 무관하지는 않다. 어떤 역사적 계기에서 품성상태의 전환이 일어나기는 해야 할 것이다. 아리스토텔레스에서 제시된 품성상태에 관한 논의는 올바름과 관련하여 연습의 중요성을 강력하게 시사하는 것이지만 예술품의 창작, 미적 심미적 태도의 함양에도 중요하다 할 수 있으며, 플라톤의 《향연》과 《티마이오스》에서 보이는 진리 터득 방법을 둘러싼 표면적인 충돌을 해소하는 데에도 해석의 실마리를 던져 준다.

20. 〈요한복음〉(공동번역성서), 13장 23절~30절.

21. 소크라테스와 플라톤과 아리스토텔레스는 스승과 제자의 관계로 이어진 사람들이다. 이들 중 누가 스승의 말을 충실히 따랐는지는 알 수 없다. 알키비아데스가 소크라테스의 훌륭한 학생이 아니었음은 분명해 보이지만, 이 또한 플라톤이 창작한 허구인 《향연》에 등장한 것이므로 사실관계가 분명하지 않다. 《향연》을 '문자 그대로' 읽는다면 가장 훌륭한 학생은 소크라테스의 권유를 일상에서 실천한 아폴로도로스라 할 수 있다.
'선생과 학생'이라는 주제에서 자주 등장하는 이들은 예수와 그 제자들이다. 열두 명의 제자들은 성인으로 추앙받으며, 유다는 예수를 팔아 넘긴 자로 지탄받는다. 〈요한복음〉의 '최후의 만찬' 장면(13장 이하)은 예수와 제자들 사이의 대화를, 이 복음서 전체가 가진 특징 중의 하나인 표면의 의미와 심층의 의미가 서로 어긋나는 듯하면서도 대응하는 복합적인 층위의 텍스트들로 구성하여 전하고 있다. 〈요한복음〉 13장은 사건들을 세세하게 설명한다. 갑자기 시간이 느리게 흘러가는 느낌이 들게 하는 것이다. 예수는 제자들을 한 명씩 모두 챙긴다. 발을 닦아 주기도 한다. 그러나 여기서 눈에 띄는 제자는 두 명이다. 한 명은 "예수의 사랑을 받던 제자"이다. 그는 예수의 품에 안겨 있고 시몬 베드로도 차마 물어보지 못하는 것을 물어볼 수가 있다. 이 제자는 다른 이들과는 달리 예수의 말을 잘못 알아듣는 적도 없으며, 유일하게 십자가 밑에서 예수의 처형을 목격하였다. 그는 '제자다운 제자'의 전형을 보이기 위해 요한이 설정한 인물일지도 모른다. 그런데 만찬 장면에서 눈에 띄는 또 한 명의 제자인 유다 역시 예수의 말을 충실하게, '문자 그대로' 따랐다. 유다는 예수가 "네가 할 일을 어서 하여라" 하자, "곧 밖으로 나갔다." 유다는 자신이 밖으로 나가는 행위가 무엇을 의미하는지 알면서도 스승의 말을 그대로 따름으로써 스승의 말을 잘 듣는다는 것이 어떤 함축을 가지고 있는지를 생각하게 한다.

22. 플로티노스Plotinos, 《엔네아데스 선집》Enneades(누멘출판사, 2009), VI 7, 32.

23. 플라톤에 따르면 진리와 아름다움을 추구하는 이는 끊임없는 연습을 통해 위로 올라가야만 하나 그러한 연습 끝에 갑자기 직관하게 되는 아름다운 것의 위치는 모호하다. 그것은 인간이 경험하는 것이므로 감각 세계에 있는 것이라 할 수도 있다.

후대에 '플라톤주의자'라 불리는 이들은, 플라톤이 제시한 생각을 일부 받아들이고는 있지만 플라톤이 제시하는 일종의 본질/현상 이원론을 바탕에 두고 있을 뿐 사상의 세부는 플라톤의 그것과 많은 점에서 다르다. '신플라톤주의'라고는 하지만 어떤 점에서 플라톤을 계승하고 있는지, 어떤 측면에서 전혀 다른지를 따져 보아야 하는 것이다. 신플라톤주의의 대표적 사상가 플로티노스에서 두드러지는 점은 플라톤에서는 볼 수 없었던, 또는 '관여' 등과 같은 술어로써만 설명되던, 아름다움과 진리가 현전하는 것들과 관계를 맺는 방식이다. 플라톤에서와 마찬가지로 플로티노스에서도 아름다운 것과 선한 것은 동등한 위치에 있다. "선한 것과 아름다운 것은 영혼을 신과 동일한 모습으로 존재하게끔 이끈다고 당당하게 말할 수 있다"(Enn. I 6, 6). 또한 플라톤에서도 드러났듯이, 그리고 플로티노스가 분명히 지적하고 있듯이 아름다운 것은 지성에 의해서만이 아니라 감각에 의해서도 포착된다. 따라서 플로티노스에서 아름다움은 감각의 층위부터 고찰된다. 그리고 이는 《향연》에서 나타난 바와 마찬가지로 행위, 학문적 탐구, '저 너머'에서도 발견된다. 아름다움은 감각부터 '저 너머'까지의 연속체 안에 있되, 그 정도에서 차이가 있다. "아름다움은 우리의 감각을 통해 여러 가지 측면에서 관찰되는데, 특별히 청각의 측면에서 (올바른) '언변'과 '음악'을 따라 받아들여질 것이다. 후자의 경우 왜냐하면 멜로디와 리듬이 아름답기 때문이다. 그러나 우리의 감각을 넘어 저 위로 나아간다 해도 분명 아름다운 일거리, 행위, 상태, 학문적 탐구, 그리고 미덕을 발견하게 될 것이다"(Enn. I 6, 1). 감각과 저 너머를 연속체로 파악하려면 눈앞에 놓여 있는 개개의 사물과 형상形相의 관계를 설명해야만 한다. 눈앞에 있는 사물의 아름다움과 저 너머에 있는 아름다움의 관계에 대해 플로티노스는 눈앞에 있는 사물이 저 너머에 있는 아름다움에 참여하는 것이라고 한다. "우리는 그 이유를 '형상(eidos)들에의 참여' 때문이라고 말한다. 왜냐하면 모든 무형無形의 것은 형태(morphē) 및 형상을 수용함으로써 일정한 모습을 갖출 수 있겠기 때문이다. 그래서 로고스 및 형상에 참여하지 못한 그 어떤 것은 추하고 신적인 로고스 바깥에 존재하는 것이요, 그런 점에서 모두 아름답지 못한 것이라고 말한다"(Enn. I 6, 2). 플로티노스는 아름다움의 형상이 원인이라 명시하고, 현전하는 사물의 균형과 조화에 대해서는 언급하지 않는다. 플라톤이 제시한 두 가지 중 하나만을 인정하는 것이다. 앞서 지적했듯이 플로티노스에서 아름다움은 플라톤에서와 마찬가지로, 선과 같은 층위에 있으므로 선이 발현된 것도 아름다움의 발현과 같은 위치에 있다. "첫 번째에다 '아름다움'을 매김질 할 때, 동시에 거기에는 '선함'도 자리한다. 그로써 정신은 '아름다움'과 직접 관련을 맺으며, 그 정신을 통해 우리의 영혼이 아름답다. 때문에 또한 모든 그 밖의 아름다움이란 '올곧은 영혼'의 행위와 활동들 안에서 이해되며, 우리의 육신이 또한 아름답다고 한다면, 이는 모름지기 그 영혼에 의해서다"(Enn. I 6, 6).

저편에 있는 아름다움은 참다운 아름다움이다. 그것은 눈앞에 놓인 것들의 아름다움을 넘어선 것이다. 그러나 눈앞에 놓인 아름다움은 저편에 있는 아름다움의 모상이기도 하다. 따라서 저편에 있는 아름다움을 파악하기 위해서는 바로 이 사실을 깨달아야만 한다. "할 수 있거든 진정 마음을 열고 자기 내면으로 따라 들어가라! 우리 눈(眼)으로 바라보는 시선은 바깥에 내버려두고, 육체가 지닌 이전의 황홀함에 마음을 빼앗기지 않도록 하라! 설령 육체적으로 아름다운 것들을 본다고 해도 가까이 하지 말고, 오히려 그런 아름다운 것들이 [정신적인 아름다움의] 모상이자 환영이요, 그림자에 불과하다는 것을 깨달아야 한다. 그래서 그러한 것들이 복사한 저 너머의 것을 향해 피신해야 한다"(Enn. I 6, 8). 플로티노스는 이편의 아름다움이 저편의 아름다움의 모상임을 깨달아야 한다는 것, 그리고 그러한 깨달음과 함께 이 모사물의 아름다움을 벗어나야만 참다운 아름다움을 알 수 있다고 주장한다. 이는 《향연》에 제시된 '디오티마의 사다리'와 구분된다. '디오티마의 사다리'에 따르면 아름다움을 추구하는 이는 아름다운 몸에서 시작하여 점차 위로 올라가면서도 이전에 알게 된 것들을 폐기하지 않는다. 플로티노스에서는 참다운 아름다움을 알기 위해서는 물질적인 것들에 대한 앎이 폐기되어야 한다. 오히려 중요한 것은 모상과 원형을 연결하는 빛의 비춤(illuminatio)과 그 빛에 힘입은 정신의 파악이다. 또한 수와 비례에 의한 파악은 감각적인 것에 국한된다. "감각적인 조화에 있어서 본래적인 것은 그 어떤 척도 아래서 고려된다는 사실이다. 그러나 여기서 척도는 결코 임의로 파악되는 수數 자체와 관련해서가 아니라 오로지 이데아의 산출에 종사하는 그 무엇(곧 정신)에 의해서 결정된다고 해야 할 것이다"(Enn. I 6, 3). 비례와 척도는 외관상의 아름다움을 보여 줄 뿐이며 진정한 아름다움은 위로부터 내려오는 것이다. 이것을 볼 줄 아는 이들은 "전체를 두루 바라보는 이들"이다. "이들에게는 마치 넥타(신들의 음료)에 취하여 흠뻑 젖는 것처럼, 그들의 영혼이 온통 아름다움으로 가득 채워지는 까닭에, 단지 [겉으로] 보이는 것들에 처음부터 마음을 빼앗기지 않는다"(Enn. 8, 10). 위에서 내려오는 아름다움이 작동하는 경로는 플로티노스의 존재론이 제시하는 '존재의 대연쇄', 즉 하나인 일자에서 정신으로, 그리고 정신에서 영혼으로 내려가는 길이다. 플로티노스는 아름다움에 관한 논의에서 상승과 하강의 계기 모두를 이야기하고 있으나 그가 강조하는 것은 초월적 일자로부터 내려오는 하강의 계기이다. "정신은 영혼에게 빛이 되고, 저 '하나'는 정신에게 빛이 된다"(Enn. Ⅵ 7, 17). 인간은, 상승의 가능성이 몹시 희박하고 물질적인 것을 완전히 버릴 수는 없는 필멸의 존재이기는 하지만 수동적인 처지에 머물러 있기만 해서는 안 된다. 인간은 신을 닮고자 노력해야만 아름다움을 깨달을 수 있다. "그 어떤 영혼도 만일 스스로 아름다움에 관계하지 못한다면, 아름다움을 볼 수 없을 것이다. 만일 누구든지 신과 미를 직관하고 싶다면, 먼저 온전히 신과 같이(theoeidēs) 되고자, 또 온전히 아름다워지고자 애써야 한다"(Enn. Ⅰ 6, 9). 이처럼 플로티노스는 인간이 신을 닮을 수 있는 존재임을 강조한다. 그렇다면 초미超美의 영역에 있는 아름다움 자체가 세계 영혼 안에 빛을 비추고 다시 그 빛이 자연물을 비추어서 자연물이 아름다움 자체의 모상이 되듯이, 아름다움 자체가 세계 영혼 안에 빛을 비추고 다시 그 빛이 인간에게 빛을 비추어 인간이 아름다운 작품을 산출해 낼 가능성도 플로티노스에서 찾아볼 수 있다 하겠다. 이는 플로티노스에 대한 확장된 해석이기는 하겠지만, 그가 제시하는 빛의 비춤(illuminatio), 일자로부터의 유출(emanatio)이 예술창작의 원리적 개념으로 전용될 가능성을 함축하는 것이다.

24. 쿠자누스(Nicolaus Kusanus), 《박학한 무지》(De Docta Ignorantia)(지만지, 2013), III, 5.1.

25. 플로티노스는 수와 척도, 비례를 감각적인 것에서만 인정할 뿐 참다운 아름다움에는 그것이 적용될 수 없다고 한다. 참다운 아름다움은 일종의 신비한 직관을 통해서만, 또는 신을 닮으려는 노력을 통해서만 알게 된다. 쿠자누스(1401~1464)는 아름다움의 본질에 대해서는 관심을 보이지 않는다. 그러나 유한자와 무한자의 관계에 대한 그의 사유는 그와 동시대인인 알베

르티(Leon Battista Alberti,1404~1472)나 피치노(Marsilio Ficino, 1433~1499) 등과 긴밀한 연관을 맺게 된다. 미의 문제와 직접 관련되는 이는 알베르티인데, 알베르티에 있어 미는 신적인 아름다움에 근거를 두는 것이므로, 그것을 인간이 어떻게 표현해 내는가를 따져 보는 데 있어 쿠자누스의 주요 문제인 유한자와 무한자의 관계 문제는 직접적 연관에 있는 것이며, 피치노에 있어 사랑은 무한자인 신과 유한자인 인간의 상호작용이므로 여기에도 쿠자누스의 문제의식이 닿아 있게 되는 것이다. 이들은 각자 자신의 영역에서 자신의 문제들을 천착하고 있으나 그것들이 시대의 진전에 따라 결합하여 하나의 시대정신으로 집약됨을 볼 수 있다. 이러한 집약은 피치노 이후에 두드러지게 될 것이다. 쿠자누스의 문제의식이 사실 새로운 것은 아니다. 유한자와 무한자의 관계 문제는, 유한자의 주체성에 관한 신념이 확고해진 까닭에 무한자가 더 이상 논의의 대상조차 되지 못하는 서구의 현대를 제외하고는 항상 중요한 것으로 상존해 있었고 해결과 해소를 위한 논의들이 끊어짐 없이 제기되어 왔다. 쿠자누스에게 직접적인 연관을 가지는 선행 논의는 에크하르트(Johannes Eckhart, 1260~1327)의 사변적 신비주의이다. 에크하르트에서 무한자로서의 신, 유한자로서의 인간과 세계, 그리고 유한자와 무한자가 결합된 구세주로서의 예수 그리스도라는 문제는 신비한 직관으로써 해결되었다. 이것에 만족하지 못한 쿠자누스는 신비주의가 아닌 수학을 매개로 유한자와 무한자의 통일에 이르려 한다.

쿠자누스에 따르면 앎에는 세 가지 종류가 있다. 첫째는 감각(sensu)을 통한 앎, 둘째는 추상적이고 단편적인 오성(ratio, Verstand)을 통한 앎, 그리고 마지막으로 초자연적인 은총의 도움을 빌려야 하기는 하나 인간을 신적 진리로 이끄는 이성(intellectus, Vernunft)을 통한 앎이 그것들이다. 오성은 인간에게 박학함을 가져다주지만, 이것은 인간적인 앎에 그칠 뿐이요, 신에 대해서는 이러한 박학도 소용없다. 오성이 아무리 많은 지식을 쌓아 올려도 그것은 인간이 신에 대해 무지하다는 것만 확인시켜 줄 뿐이다. 오성이 파악하는 앎들은 서로 대립되고 모순되는 것들이기도 하다. 이성은 오성이 대립으로 파악하는 앎들을 직관 속에서 합일시켜 '대립자들의 합일'(coincidentia oppositorum)에 이르게 한다. 기독교의 교리에 따르면 신은 세계를 창조하였고, 자신의 지성에 따라 의지로써 창조한 이 세계를 움직이기 위해 세계 밖에서 끊임없이 개입한다. 신은 창조주이자 세계의 작용원인이기도 한 것이다. 그런데 쿠자누스가 파악한 세계에서는 신이 작용하지 않는다. 신은 세계를 창조하였으며 이렇게 창조된 세계는 신의 법칙을 자신 안에 내포하고 있다. 세계는 '신의 전개'(explicatio Dei)라 할 수 있으며, 각각의 사물은 무한한 신이 유한자 안에 내재된 것, 즉 '유한한 무한성'이거나 창조된 신(Deus creates)이다. 또한 우주는 감각적 신(Deus sensibilis)이며 인간은 상황에 처한 신(Deus occasionatus)이다(《박학한 무지》Ⅲ, 2.3 참고). 쿠자누스에 따르면 신은 세계를 창조하는 힘(vis entificativa)이며, 인간은 신이 만든 세계의 관념적 질서를 파악하는, 유화類化하는 힘(vis assimilativa)이거니와, 이 질서는 '척도'로 표상된다. "신은 세상을 창조할 때 수학과 기하학은 물론 음악과 동시에 천문학을 사용했으며, 우리 역시 사물들과 요소들, 나아가 움직임들의 상관관계(비율)를 탐구하는 중에 활용하는 기술들은 거기에 포함된다"(Ⅱ, 13.1). 신이 세계를 창조할 때 비율을 사용했으므로 인간이 세계를 파악하고자 한다면 당연히 비율을 사용해야만 하는 것이다. 현상세계의 사물들이 서로 대립되어 보인다 해도 이성의 힘으로써 그것이 무한자를 내재한 유한자임을 파악한 다음에는 각각이 어떻게 결합되어 있는지를 알아내는 방식은 비례이다. "모든 탐구는 (그러므로) 어울림(비례)을 매개로 활용하는 비교比較에 따라 이루어진다"(comparativa igitur est omnis inquisitio, medio proportionis utens)(Ⅰ, 1.2). 그리고 이러한 비례는 수로 표현될 수 있다. "어울림(관계)은 한편 어떤 한 가지 측면에서 같은 점과 동시에 다른 점을 말해 주기 때문에, 수 없이는 결코 이해되지 않는다. 그러므로 수는 어울릴 수 있는 모든 것을 포괄한다"(Ⅰ, 1.3). 수로 표현되는 비례를 매개로 하여 비교하면 닮음을 알 수 있다. "닮은 것은 닮은 것에서 태어나며, 그로 인해 본성의 어울림(비율)을 좇아 낳아진 것(피조물)은 낳는 것(창조주)에서 생겨나는 것이다"(Ⅲ, 5.1). 이처럼 쿠자누스에 따르면 비례는 창조의 원리이고, 그런 까닭에 이 비례를 측정하는 것은 제2의 자연을 창조하는 제작자, 즉 창조주 닮은 자의 행위가 된다. 바로 여기에 쿠자누스의 유한자와 무한자의 연관 문제가 예술작품의 창조에 원용되는 근거가 있다.

26. 알베르티(Leon Battista Alberti), 《회화론》(Della Pittura)(기파랑, 2011), 제1권, 12.

27. 알베르티는 비례의 원리를 회화에 적용함으로써 '르네상스 고전기'의 양식원리(Stilprinzip)를 정립한다. 알베르티에게 있어

아름다움은 근본적인 자연법칙인 균형에 근거하며, 부분의 전체에 대한 어울림, 명확한 수에 따른 비례와 질서가 이루어 내는 조화에서 성립한다. 그는 《회화론》에서 화가가 수행해야 하는 바를 논의한다. 그에 따르면 화가는 단일한 요소들이 서로 잘 어울리는지 관찰하고, 다음으로 그것의 크기, 치수, 성격, 색, 그리고 다른 사물들과의 조화를 관찰하여야 하며 그에 따라 모든 것이 하나의 통일된 미를 형성하는지 주목하여야 한다. 이처럼 비율을 강조하는 것은 기하학적 지식으로써 자연의 운동을 설명하고자 하는 것이므로 화가는, 인체에 대한 지식이나 교양(ars liberalis)을 갖추면서도 기하학에 대한 지식을 반드시 습득하여야만 한다.

《회화론》은 당대의 거장 브루넬레스키(Filippo Brunelleschi, 1377~1446)에게 헌정되었다. 알베르티는 브루넬레스키에게 바치는 헌정 글에서 세 권으로 이루어진 책 내용을 설명한다. "제1권은 완전히 수학에 관한 것인데, 이는 이 고귀하고 아름다운 회화예술이 자연의 뿌리에서 어떻게 자라나는지를 보여 주기 위함입니다. 2권은 예술을 예술가의 손에 맡기고, 회화 예술의 구성 요소들을 구분하면서 이와 관련된 설명을 하고 있습니다. 3권은 회화라는 예술을 어떻게 완전히 통달하고 이해할 수 있는지에 대해 예술가들에게 가르치고 있습니다." 오늘날의 회화에 대한 생각과는 아주 다르게, 그리고 이전 시대의 회화 규정에서 완전히 벗어나, 그는 회화 예술과 수학, 자연의 뿌리를 연결하고 있는데 이것이 구체적으로 집약된 것이 원근법이며 이는 회화에 대한 그의 규정에서 명시적으로 제시된다. "회화란, 중심이 고정되고 빛의 위치가 일정한 상태에 있는 대상을 특정한 거리에서 바라볼 때 나타나는 시각 피라미드의 횡단면을 한 평면 위에 선과 색을 이용하여 예술적으로 재현한 것입니다"(제1권, 12). 회화는 이처럼 기하학적인 방식으로 구성되는 것이므로 당연히 "화가는 비례 관계가 무엇인지 알아야만"(제1권, 14) 한다. "평면에 관한 모든 영역과 가장자리 윤곽선을 어떻게 그리는지 배운 사람만이 훌륭한 화가가 될 것이라는 사실은 의심의 여지가 없습니다"(제1권, 23). 좀 더 구체적으로 말하면 다음과 같다. "회화는 세 부분으로 구성됩니다. 이는 자연에서 배웠습니다. (…) 윤곽선 (…) 구성 (…) 빛의 수용." 윤곽선은 공간에 둥글게 선을 긋는 과정이며, 구성은 "정확한 관계 속에 결합된 이 평면들의 모습"이며, 빛의 수용은 "색의 재현"(제2권, 30)이다. 알베르티는 이 원리를 자연에서 배웠다고 주장한다. 사실상 '자연'이 무엇을 인간에게 가르쳐 주는가는 인간이 규정하는 것이다. 알베르티는 자연을 기하학적 질서로 규정함으로써 세계를 보는 고유의 원리를 정당화한 것이다. 그러므로 그는 3권에서 예술가에게 이 점을 거듭 강조한다. "가장 기본적인 원칙은, 회화예술의 모든 학습단계에서 화가는 자연의 교훈[원칙]을 따라야 한다는 사실입니다"(제3권, 55). 이 "자연의 원칙"은 바로 기하학적으로 체계화된 질서이며, 알베르티와 같은 사람들은 이러한 질서로써 세계를 보기 시작했다. 후대의 사람들은 이러한 봄의 방식(way of seeing)을 '고전주의'라 부르지만 이것은 불변의 정식定式이 아니다. 인간이, 신의 입장이라 여긴 하나의 시점을 취하여 그것을 자연의 질서라고 간주한 것에 지나지 않는다.

알베르티가 《회화론》에서 전개한 원근법에 관한 논의는 그의 독창적인 발안이 아니다. 회화에서의 원근법은 지오토(Giotto de Bondone)와 두초(Duccio di Buoninsegna)에서 유래하며 1330년경이면 모든 곳에서 수용하고 있었다. 원근법은 인간의 시각으로써 무한한 세계를 구축하려 한다. 원근법으로 구성된 공간에 존재하는 사물들은 기하학적 질서에 따라 연속적이고 동질적으로 구성된 '체계공간'(Systemraum)에 있게 되어 인간은 이것들을 하나의 시점에서 일목요연하게 볼 수 있게 된다. 원근법으로써 세계를 보기 이전의 회화들은 사물들 각각을 그 자체 독립된 것들로 모아둔 '집합공간'(Aggregatraum) 안에 배치하였다. 이는 사물들을 제멋대로 모아둔 것처럼 보이지만, 그러한 배열 또한 화가가 세계를 보는 하나의 방식이다. 체계공간 안에서 보느냐 집합공간 안에서 보느냐에 따라 세계는 다르게 파악되므로, 사물을 어떤 방식으로 보느냐는 화가의 세계관(Weltan-schauung)을 드러내는 단초라 할 수 있다. 집합공간 안에 놓인 사물들은 그것들 각각의 의의를 독자적으로 표현하며, 그것들 사이의 빈 공간에도 일정한 의미가 부여되고 있다. 체계공간 안에 사물을 놓는 원근법에 따르면 사물들은 하나의 시점에 수적으로, 또는 연속량(Quantum continuum)으로 연결되어 있으므로 그 시점을 중심으로 현실의 모든 사물들이 추상화되어 정돈된다. 후대의 인상파 화가들이나 입체파 화가들은 그러한 이상화된, 또는 신적 입장에 올라선 시점을 폐기하고 눈앞에 놓인 현상들의 순간적 집합 인상(또는 인상 묶음)을 나열하거나, 그러한 다양하고 다면적인 인상을 묶어서 전체를 재구성해 보려 한다. 이들의 시도는 근본적으로 '르네상스 고전기'를 지배한 양식원리인 원근법과의 연관 속에 있는 것이다.

28. 피치노(Marsilio Ficino), 《사랑에 관하여_플라톤의 〈향연〉 주해》(Commentarium Marsilii Ficini Florentini in Convivium Platonis de Amore)(나남출판, 2010), '바치는 글'.

간략하게 '사랑에 관하여'라 불리는 이 책은 플라톤의 《향연》에 관한 주해의 형식을 취하고 있다. 그러나 총 일곱 권으로 이루어진 이 책에서 본격적인 의미의 주해는 Ⅵ권 하나이고, 다른 권들은 신과 인간의 완전한 교류와 일치를 위한 사랑의 역할이나 아름다움을 추구하고 동경하는 사랑이 도달해야 하는 곳에 관한 숙고 등을 플라톤의 《향연》과 마찬가지로 대화의 형식으로 다루고 있다. 특히 Ⅱ권과 Ⅶ권은 플라톤의 《향연》과 관계없는 내용을 담고 있는데, Ⅱ권은 플로티노스를 다루고 있어서 그에게 끼친 플로티노스의 영향을 짐작할 수 있게 해 주며, Ⅶ권은 스승으로서의 소크라테스를 찬양하고 있다.

29. 사보나롤라(Girolamo Savonarola, 1452~1498)는 피렌체의 수도사였으나 설교로써 시민들을 고무하여 일시적으로 신정神政을 펼쳤다. 화형 당해 죽었다.

30. 마키아벨리(Niccolò Machiavelli, 1469~1527)는 피렌체의 외

교관이자 정치론 저술가이다. 어린 시절에 사보나롤라의 화형을 목격한 것으로 추정된다.

31. '콰트로첸토'quattrocento는 '400'이라는 뜻의 이탈리아 어로 1400년대, 즉 15세기를 가리킨다. 14세기는 '트레첸토'trecento(300), 16세기는 '친퀘첸토'cinquecento(500)라 부른다.

32. 알베르티가 신적 입장에 올라선 인간의 시선을 원근법으로 집약함으로써 콰트로첸토의 형식적 원리를 제시했다면, 피치노는 무엇이 아름다운 것인가, 즉 내용 원리를 제시하였다. 《사랑에 관하여》의 '헌사'(바치는 글)는 여러 겹의 함축을 제시한다. 우선 피치노는 자신의 저작이 소크라테스와 플라톤에 의해 전해진 디오티마의 이야기라는 입장을 취하고 있다. 피치노가 보기에 이들을 관통하는 주제는 "신의 섭리가 빚어내는 최고의 사랑"이다. 이것을 "가장 순결한 여사제女司祭 디오티마"가 알아보았고, "온갖 사랑에 취해 있던 철학자 소크라테스"가 그것을 전수받았으며, 그것을 다시 "다른 이들보다 더욱 경건했던 철학자 플라톤"이 이어받아 자신이 들은 바를 《향연》에 옮겨 적었으며, 마침내 피치노가 "플라톤의 신비에다 나의 주해를 덧붙여서

라틴 어에서 토스카나 어로 번역"하여 독자들에게 내놓았다는 것이다. 여기서 디오티마는 기독교적 의미의 신의 말씀을 전해 들은 여사제로, 소크라테스는 신의 사랑을 깨달은 자로, 플라톤은 경건한 철학자로 해석된다. 이렇게 함으로써 피치노는 자신이 주장하고자 하는 '경건한 철학'(pia philosophia)을 플라톤에 의거시킨다.

'헌사'에는 또한 피치노가 신과 세계 그리고 인간을 연관시키는 방식이 제시되어 있는데 이는 플로티노스의 세계관을 드러내고 있다. "디오티마가 신의 사랑을 알아보도록 섭리하신 거룩한 영께서 우리의 정신에도 빛을 비추시고 우리의 의지를 불타오르게 하시어, 신께서 창조하신 모든 아름다운 작품 안에서 그분을 사랑하고 또 그분 안에서 모든 작품들을 사랑함으로써 항구히 그분의 끝없는 아름다움을 노래할 수 있게 해 주시길 빕니다." 거룩한 영이 인간의 정신에 빛을 비춘다는 것은 분명 플로티노스의 사상이며, 그러한 비춤에 힘입어 인간의 의지가 불타오르며, 세계는 신의 빛에 따라 아름다운 것이 된다. 피치노가 플로티노스에게서 가져온 것은 2권에서 상세하게 논의되고 있다. 피치노에 따르면 세계는, 플로티노스가 파악한 것과 마찬가지로 위계질서의 구조를 가지고 있고, 신이 만물을 창조하는 방식 또한 그러하다. "만물의 한 가지 중심은 신이요, 신 주변에 네 가지 영역, 곧 정신계(mens), 영혼계(anima), 자연계(natura), 그리고 물질계(materia)가 있다고 보았습니다"(2권, 3장). 일자인 신은 순수한 정신적 존재인 천사적 정신(mens angelica)에 빛을 비추고, 이는 다시 물질과 결합하면서도 그것을 정신과 연결하는 이 세상의 영혼(mundi anima)에 빛을 비추며, 마지막 위계에는 물질세계인 자연, 즉 세상의 몸(mundi corpus)이 있다. 각각의 영역은 다른 종류의 인식으로써 파악된다. "천사들의 영역 안에서는 이른바 모범적 형상(exemplaria) 및 이데아(idee)를, 영혼들의 영역 안에서는 이성(ratio)과 통찰(notio)을, 물질적 영역 안에서는 형상들과 이미지들을 가리킨다고 플라톤주의자들은 가르칩니다"(5권, 4장). 여기서 피치노는 신플라톤주의자인 플로티노스의 사상을 그대로 옮기면서 그것을 "플라톤주의자들"의 견해라 한다. 이는 그가 플라톤의 사상과 신플라톤주의 사상을 구분하지 않고 받아들인 증거로 이해할 수도 있고, 의도적인 혼합으로 이해할 수도 있다. 피치노는 세계의 구조를 관통하는 신의 아름다움과 사랑에 대해 논의한다. "이 신의 얼굴이 자신과 똑같은 모습을 [계속] 물려주고자 천사를 통해서든 영혼을 통해서든 아니면 세상의 물질을 통해서든 밝히는 광채와 영광은 보편적 아름다움(pulchritudo universalis)이라 불리는 것입니다. 저 신을 향한 격정(impetus)은 보편적 사랑이라 일컬어집니다"(5권, 4장). 신의 보편적 아름다움은 세계의 구조에 따라 정신, 영혼, 물질로 유출(emanatio)되며, 인간은 신의 아름다움을 향해 가려는 격정, 즉 사랑을 가진다. 신의 아름다움은 세계에 전개되어 있다. "아름다움은 신의 행위 혹은 만물을 통해 퍼져 나가는 신의 빛이라고 합니다. 그래서 가장 먼저 천사의 정신 안으로, 그 다음으로 전체의 영혼 및 나머지 (개별) 영혼들 안으로, 세 번째로 자연 안으로, 그리고 네 번째로 물질 안으로 아름다움이 퍼져 나간다고 합니다"(2권, 5장). 아름다움은 신에게서 흘러나온 것이므로 선이기도 하다. "이런 만물들 안에서 내면의 완벽함이 외적 완벽함을 빚어냅니다. 우리는 저 내면의 완벽함을 가리켜 선함이라고, 이 외적 완벽함을 아름다움이라고 칭할 수 있습니다. 그런 이유로 우리는 아름다움을 선의 꽃(bonitatis floris)이라고 부릅니다. (…) 우리가 만일 외적으로 화려하게 빚어진 모습들에 다가서지 못한다면, 사물들 안에 깊숙히 내재하는 선함 자체를 사유하지 못할 뿐더러 그것을 결코 욕구하지도 못하고 말 것입니다"(5권, 1장). 아름다움과 선함은 동일한 것이요, 그런 까닭에 인간은 외적인 아름다움을 통해서 내적인 선함에 이를 수 있다. 신은 진리이기도 하다. 즉 신으로부터는 아름다움, 선함, 진리가 모두 흘러나온다. 사실상 그것들은 하나이자 동일한 것이다. "진리가 영혼의 양식입니다(Animi cibus est veritas)"(5권, 2장). 진리는 아름다움과 선함과 동일한 것이므로 이 세 가지는 인간 영혼을 생동적이게 하는 양식이다. 그런데 신의 아름다움이 흘러나온 마지막 단계인 육체의 아름다움은 무엇으로써 식별할 수 있는가. 그것은 조화이다. "인간의 육체가 뿜어내는 아름다움은 다양한 지체들의 짜임새 있는 조화(concordia)를 요구한다고 봅니다"(1권, 3장). 이 조화는 비례로써 가능하다. 피치노의 사랑론에 비례 이론이 결합함으로써 아름다움과 사랑이 통일되는 것이다. "결국 육체(corpus)의 아름다움은 무엇일까요? 활동과 생명력과 기쁨, 이것들은 육체가 제 이데아의 영향으로 자신 안에 비추는 것들입니다. (…) 진정 이들 세 가지, 곧 질서(ordo)와 양태(modus)와 외관(species)으로 인해 살아 있는 몸이 완전하게 갖추어집니다"(5권, 6장). 이로써 피치노는 아름다움, 선, 진리의 합치로서의 예술작품과 그것을 만들어 내는 인간의 창작행위는 진리의 탐구이기도 하다는 콰트로첸토의 이상주의적 예술관과 창작이념을 정립한다.

앞서 언급했듯이 피치노의 《사랑에 관하여》는 플라톤의 《향연》

에 대한 주해라는 형식을 취하고 있으며, 형식만이 아니라 사랑에 관한 규정에 있어서도 플라톤의 그것, 이를테면 '아름다움에 대한 열망'이 사랑이라는 것을 받아들이고 있다. "추한 것들에 대해서는 수치심을, 아름다운 것들에 대해서는 열망을 갖는 것을 말하네. 이런 것들 없이는 국가든 개인이든 크고 아름다운 일들은 이루어 낼 수 없거든"(플라톤, 《향연》, 178d). 피치노는 이를 받아들이면서도("사랑은 아름다움을 향유하려는 열망이기 때문입니다." 2권, 9장) 여기에 '신에 대한 격정'을 덧붙인다. 이로써 피치노에 있어서 사랑은 아름다움에 대한 열망일 뿐만 아니라 신과 인간을 잇는 중재자(medius)가 된다. 신을 향한 격정은, 달리 말하면, 신을 닮으려는 것이다. 사랑은 신을 모방하려는 행위이다. "닮음이 사랑을 낳습니다(Amorem procreat similitudo). 닮음은 다수의 것들 가운데서 같은 본성을 지녔음을 뜻합니다"(2권, 8장). 신적 모방(imitatio divinorum), 신과 같은 본성을 갖고자 하는 것, 신과 하나가 되려는 것, 이것은 신의 자비(caritas)와 인간의 사랑(amor)의 결합이다. 이러한 결합은 인간을 관상적 삶에 이르게 하고, 그러한 삶은 학문과 예술을 창조하는 것으로 구체화된다. "저 빛과 영혼의 아름다움을 우리는 오로지 정신으로만 파악합니다. 그러므로 영혼의 아름다움을 간절하게 갈망하는 자는 오직 정신의 직관(intuitus)을 통해서만 채워집니다. 그리하여 사랑하는 사람들 사이에서 아름다움은 아름다움으로 맞교환됩니다"(2권, 8장). 정신의 직관은 관상을 가리킨다. 이러한 관상에 이른 이들은 사랑의 산물인 학문과 예술을 서로 나누게 된다.

피치노 시대에는 일반적으로 인간의 삶은 세 종류가 있다고 여겼다. 관조적 삶(vita contemplativa), 활동적 삶(vita activa), 욕정적 삶(vita voluptuosa)이 그것이다. 각각의 삶에는 각각의 삶에 상응하는 사랑이 있다. 보통의 인간은 어느 한 종류의 삶만을 살아갈 수 없으므로, 각각의 삶을 움직이는 사랑을 조금씩이라도 겪게 된다. 즉 '세 겹의 사랑'을 겪는 것이 인간의 삶이다. 피치노는 세 종류의 사랑을 서술하면서 어떤 것이 가장 바람직한 것인지를 판단하게 한다. "모든 사랑은 바라보는 것에서 시작된다고 하겠습니다. 그러나 관조적 인간의 사랑은 바라보는 것에서 시작하여 정신으로 올라갑니다. [반면] 욕정적 인간의 사랑은 바라보는 것에서 시작하여 손으로 만지는(=관능적인) 것으로 추락합니다. 활동적 인간의 사랑은 바라보는 것에만 가만히 머물러 있는 셈입니다"(6권, 8장). 피치노는 관조적 사랑을 이상적인 것이라 하지만 다른 두 가지 사랑의 가능성도 배척하지 않는다.

33. 좀바르트(Werner Sombart), 《사치와 자본주의》(Luxus und Kapitalismus)(문예출판사, 2017), 제3장 사랑의 세속화, 82쪽.

34. 중세 유럽에서 사랑은 신에 대한 사랑, 신의 사랑이었다. 11세기에 들어서면서 인간의 사랑이라는 개념이 등장하기 시작하였다. 이 시기에 나타난 사랑은 '연가戀歌(minnesang)의 시대'라는 말로 집약된다. 남녀 간의 사랑을 노래하는 음유시인들이 등장하였고 이들은 12세기 중엽부터 13세기 중엽까지 전성기를 구가하였다. 여전히 신에 대한 사랑이 가장 우월한 가치의 자리를 고수하고 있기는 하였으나 중세 말의 단테(Durante degli Alighieri, 1265~1321)는 남녀의 사랑에 관한 탁월한 글들을 발표하였다. 콰트로첸토의 '사랑'은 중세의 마지막에서 나타난 것이라 할 수 있다. 이후부터는 육체의 아름다움에 대한 찬미가 나타났고, 이는 강력하고 본능적인 감성에 대한 존중, 세련미에 대한 찬양으로 이어졌으며, 그것에 뒤따르는 방탕과 도착까지도 나타난다.

35. 하우저(Arnold Hauser), 《문학과 예술의 사회사》(Sozialgeschichte der Kunst und Literatur)(창비, 2016), 2권, 148쪽.

36. 쿠자누스가 주장한 비례, 알베르티가 정리한 원근법이라고 하는 양식원리, 그리고 피치노가 신플라톤주의를 갱신하여 내놓은 사변적 사랑론이라고 하는 주제원리가 결합하면서 콰트로첸토의 예술 이념이 완성되었다. 물론 이것은 예술 안에서만 일어난 것은 아니었다. 쿠자누스와 피치노의 그것은 예술과 무관한 것이었으나 예술과 결합하여 이른바 '위대한 양식'(maniera grande)을 이루게 된다. '위대한 양식'은 특정한 원리 없이 연속적으로 누적시키기만 하는 중세의 고딕과는 달리 원리에 근거하여 공간 전체에 통일성을 부여하여 미의 객관주의를 확립하였다. 이러한 객관주의는 다 빈치(Leonardo da Vinci, 1452~1519)에서 가장 뚜렷하게 나타난다. 다 빈치는 회화가 정밀한 과학이라 주장하면서 수학, 기하학, 광학, 기계학, 광선론, 색채론, 해부학, 생리학 등 당대의 거의 모든 학문 분야를 예술의 기본 도구로 간주하였다. 이로써 콰트로첸토에 '아름다움'은 더 이상 형이상학적 초월적 아름다움이 아니라 자연과 유기적인 조화를 이루는 것으로 규정되었으며 회화는 이러한 아름다움을 표현하는 수단이 되었다. 여기서 자연스럽게 아름다움과 선(Bonum)의 관계는 헐거워지고 진리(Verum)와의 관계가 두터워졌다. 그렇지만 회화가 원근법이나 자연과학을 도구로 삼게 됨

에 따라 아름다움 고유의 영역은 점차 희미하게 되었다. 아름다움이 기하학이나 자연과학의 앎으로 해소된 것이다.

37. 콰트로첸토의 '위대한 양식'과 아름다움의 이념은 말 그대로 이상적인 것이어서 오래 지속될 수 없었다. 짧은 이상주의적 시기가 지나면서 곧바로 객관주의가 해체되고 여기에 예술가의 자의식, 즉 모방자가 아닌 창조자로서의 자기 규정이 덧붙여지면서 이른바 '고딕화 현상'이 나타난다. 엄격한 비례에 의해 구축되었던 공간의 통일성이 사라지고, 공간의 가치가 같은 화면에서 서로 다르게 매겨졌다. 회화는 갈등을 표현하고 예술가가 초자연적 경험으로 침잠하거나 양식을 의식하지 않는 회화들도 나타난다. 미켈란젤로(Michelangelo di Lodovico Buonarroti Simoni, 1475~1564)와 티치아노(Tiziano Vecellio, 1488?~1576)는 콰트로첸토의 위대한 양식을 완성했던 이들이었는데도 이러한 회화를 제작함으로써 그 양식이 내부에 깊은 분열의 씨앗을 품고 있었음을 명료하게 보여 주었다. 이는 무엇보다도 예술가들 내면의 갈등에서 기인하겠지만 시대와 예술이 상호 규정하는 것의 징후라 보는 것이 타당할 것이다.

38. 미켈란젤로의 '노예들'은 미완성 조각상들인 〈저항하는 노예〉(L'Esclave rebelle)와 〈죽어 가는 노예〉(L'Esclave mourant)를 가리킨다.

39. 벤야민(Walter Benjamin), 《독일 비애극의 원천》(Ursprung des deutschen Trauerspiels)(새물결출판사, 2008), 67쪽.

40. 루터(Martin Luther, 1483~1546)는 홀로 탑에서 기도를 하던 중 신과의 단독적 관계에 들어섰다고 하는 '탑체험'(Turmerlebnis)을 계기로 인간은 '오직 믿음'(sola fide)으로써 의롭게 될 수 있다고 주장하면서 〈로마서〉 1장 17절의 문장을 강조하였다. 그는 또한 라틴 어 성서를 처음으로 독일어로 번역하여 '9월 성서'라 불리는 것을 펴냈다. "복음 안에 있는 신의 올바름은 믿음으로부터 믿음 안에서 드러납니다"(〈로마서〉, 1장 17절). "Justitia enim Dei in eo revelatur ex fide in fidem(Latin Vulgate Bible)" "SINTEMAL DARINNEN OFFENBARET WIRD DIE GERECHTIGKEIT / DIE FUR GOTT GILT / WELCHE KOMPT AUS GLAUBEN IN GLAUBEN"(Luther, "September Bibel", 1522).

루터는 또한 〈독일 민족의 기독교도 귀족들에게 보내는 연설〉(An den christlichen Adel deutscher Nation, 1520) 등을 통해서 독일 민족주의를 촉발하게 되었다. 이후 17세기 서구는 오랫동안 종교적 정치적 전쟁 없이 지내오던 상태를 벗어나 대혼란의 시대, '일반 위기'(General Crisis) 또는 '예외상태'(Ausnahmezustand)로 접어들게 되었거니와 강력한 주권을 가진 국가만이 이 상태를 종식시킬 수 있었다. 루터의 의도와 의도치 않은 사태의 전개에 대해서는 페브르(Lucien Febvre)의 《마르틴 루터 한 인간의 운명》(Martin Luther un Destin)(이른비, 2016)을 참조할 것. "1517년 11월 1일, 마르틴과 토론을 벌이기 위해 나타난 사람은 아무도 없었다. 그렇지만 며칠 사이에 95개 조 논제는 증쇄되고, 독일어로 번역되어 사방으로 퍼져 그 수도사에게 메아리로 다가왔다. 그 위력과 세기는 그로서는 정말 놀랍고 몹시 당혹스럽게 하는 것이었다. 그것은 독일의 목소리였다. 독일은 자신의 은밀한 욕구를 공공연하게 드러내기 위해 하나의 신호, 한 사람만을 기다려 왔다. 참을 수 없는 흥분으로 남몰래 떨고 불안해하면서 말이다. 1517년의 '독일인'이 무대 앞으로, 마르틴 루터 앞으로 다가왔다. 그들은 익명이지만 작품 속에서 역할의 비중이 점점 커져갈 협력자였으며 상반되는 에너지들로 가득 차 있었다. 그와 동시에 한 수도사가 자기 안에 단숨에 잉태했던 독창적인 하나의 작품이 빛을 보든가 유산이 되든가는 바로 그 독일인에 달려 있었다. ─ 그런데 독일인은 역사 앞에서 그 작품의 변조된 하나의 교정쇄밖에는 만들어 내지 못했다"(111쪽).

41. '바로크'Baroque는 뵐플린(Heinrich Wöfflin)이나 리글(Alois Riegl)과 같은 미술사가들이 규정적으로 사용한 용어이다. 뵐플린에 따르면 바로크는 속박되지 않고 한계 지어지지 않으며, 자의적인 것을 추구하는 반고전주의적 충동이면서도 하나의 비전(예술 활동, 특히 창작에 있어서 직관적으로 마음에 나타나는 환영幻影)을 가지고 대상에 접근하므로 특수한 것, 다양한 것은 이 비전으로 해소된다. 하나의 비전이 회화의 중심에 놓이게 되므로 하나의 주된 효과에 초점이 맞춰지고, 그에 따라 디테일은 무의미해지고 공간구도는 불균형하게 된다. 리글은 무엇보다도 예술가의 '예술의욕'(Kunstwollen)을 강조한다. 예술가는 작품을 형성하면서 모티프를 가지는데, 이는 주관적인 것이고 작품활동을 하는 가운데서야 비로소 표상되는 개념적 원리이므로 존재론적으로는 비소재적이다. 리글이 이처럼 예술가의 의도를 내세움으로써, 예술작품의 객관성이 아닌 작가의 의도라고 하

는 주관적인 것이 예술의 주요 계기로서 간주되는 단초를 열게 된다. 그런데 바로크 시대는 회화만으로는 그 특징을 온전하게 규정할 수 없다. 매너리즘에서 징후를 볼 수 있었듯이 예술은 시대와의 깊은 연관 속에 놓이므로, 갈등의 해소, 격정적인 표현주의적 예술의지, 강력한 인물들, 장엄한 극적 양식, 격앙된 극적 순간 등과 같은 예술작품의 표현태들은 여전히 신에 대한 신앙을 가지고는 있으나, 극도로 불확실하고 불안한 시대에 눈앞에 현전하는 초월적인 존재를 통해서 불확실함과 불안을 극복하려는 시도로서 이해하는 것이 더욱 설득력 있을 것이다. 다시 말해서 이제 예술작품은 작품 안에서 완결되지 않으므로 작품 안에서 해석이 끝나지 않고 항상 시대와의 접점을 찾아야만 이해 가능한 대상인 것이다. 마찬가지로 아름다움의 이념 또한 초월적인 자체 존재가 아니라 시대적 연관 속에서 규정되는 것으로 파악해야만 한다.

42. 헤겔(Georg Wilhelm Friedrich Hegel), 《예술철학 강의》 (Vorlesungen über Philosophie der Kunst)(Meiner, 2007), SS. 72~73.

43. 헤겔은 아름다움을 다음과 같이 규정한다. "1) 미 일반, 2) 보편적 미의 특수화, 이 특수화는 미가 예술미로 특수화되기 때문에 생겨나거니와, 예술미는 다시 말해서 비로소 본래적인 미이며, 보편적으로는 이념상 일반이다"(《예술철학 강의》, S. 41). "미 일반"은 이념으로서만 존재하는 추상적인 것이며, 그것이 구체적 시공간에 특수화될 때 나타나는 것이 "예술미"(Kunstschöne)이다. 예술미만이 본래적인 의미에서 아름다움이라 할 수 있는, 인간의 정신이 산출한 것, 구체적인 형태를 얻어서 미적인 것으로 규정된 것이며, 이는 이념적인 것의 구체화, 즉 "이념상"이라 불린다. 예술미는 무엇보다도 인간의 정신이 산출한 것이다. 인간의 정신이 산출하였다는 것은 무엇을 의미하는가? 인간은 공동체에서 생활하며, 그런 까닭에 인간의 정신이 산출한 예술작품은 역사적 공동체적 행위의 산물이다. 헤겔이 예술미를 이렇게 규정하는 것은 예술작품을 전적으로 주관적인, 몰역사적 탈역사적 천재의 산물로 규정하는 것에서 벗어나 그것을 역사적 맥락에 정위定位하기 위함이다. 헤겔은 자신의 체계에서는 예술을 종교 및 철학과 더불어 절대적 정신의 현현태로 규정하므로, 체계에서 보면 예술은 영원한 진리의 한 계기에 지나지 않으나 체계에서 벗어난다면 예술은 역사적 산물이 된다.

헤겔 만년의 체계에서는 예술이 종교와 철학의 하위에 놓이지만 낭만주의의 영향 아래(또는 낭만주의와 함께 한) 청년기의 헤겔에게는 예술이 여타의 것들보다 상위에 있는 것이었다. 〈독일 관념론 최초의 체계 계획〉(Das älteste Systemprogramm des deutschen Idealismus, 1796/1797)(Werke in 20 Bänden, Bd. I, Suhrkamp, 1986)은 예술을 다음과 같이 위치 지운다. "마지막으로 이 모든 것을 통일하는, 더 고차적인 플라톤적인 의미를 포함하는 아름다움의 이념. 이제 나는 모든 이념들을 포괄하는 이성의 최고의 활동이 미감적 활동이라는 것, 진리와 좋음은 아름다움 안에서만 밀접하게 연관됨을 확신한다―철학자는 시인과 마찬가지로 미감적 힘을 가져야만 한다. 미감적 감각이 없는 사람은 우리 고지식한 철학자들이다. 정신철학은 미감적 철학이다. 미감적 감각이 없으면 사람은 어떤 일과 관련해서도 정신적일 수 없고, 심지어 역사에 관해서도 재치있게 추론할 수 없다. 어떤 이념도 이해하지 못하는 사람들이 무엇을 결여하고 있는지가 여기서 드러날 것이다―그들은 표와 색인을 넘어서는 것은 곧바로 이해하기 어려운 것이라고 솔직하게 털어놓는다. 그런 까닭에 시는 더 높은 위엄을 획득하고, 종국에는 다시 최초에 시의 본질이었던 것이 된다―인류의 교사. 어떠한 철학도 어떠한 역사도 없기 때문에 시가詩歌는 홀로 다른 학문과 예술 보다도 오래 살아남을 것이다." 이처럼 청년 헤겔은 시가야말로 인류의 가장 오래된 것이고 철학과 종교도 그것으로 통일되어야 한다고 주장한다. 또한 시의 역할은 분명히 "교사"이다. 이는 헤겔이 청년기에도 예술을 그것 자체의 독자적 영역을 가지는 것으로 파악하기보다는 공동체와의 연관 속에서 성립하는 것으로 이해했음을 드러내는 것이다. 그렇지만 만년의 헤겔은 청년기의 체계 계획을 다시 정리하여 예술을 종교와 철학의 하위에 놓는다. 앞서 언급했듯이 그의 체계에 즉한다면 철학은 선행하는 모든 특수한 영역들을 지양 통일한 절대적 정신의 정점에 있는 것이지만, 그렇다 하여도 초월적 영역에 독자적으로 존립해 있을 수 없다. 절대적인 것은 필연적으로 역사 속으로 구체화되어야만 하는 것이므로 예술은 완전한 것은 아니나 절대적 진리의 계기를 보유하고 있다. 그런 까닭에 예술은 시대의 감각적 반영이면서 동시에 절대적 정신의 한 계기라고 하는 의의를 가진다. 이 점을 헤겔은 다음과 같이 밝혀 보인다. "예술은 순수한 사상思想, 초감각적 세계와 직접적인 것, 현전하는 감각의 중간자(das Mittelglied)이다. (…) 예술은 양 극단을 화해시키며, 개념과 자연을 결합시키는 중간자이다. (…) 그러나 예술은 고유한 방식을 가지고 있거니와, 예술은 더 높은 것 자체를 감각적으로 표현하며, 감각하는 자연에 아주 가까이 가져다준다"(S. 4). "감각하는 자연"은 인간이다. 예술은 감각능력을 가진 인간의 정신적 활동이며, 이러한 활동을 수행함으로써 인간은 초월적 영역에 개념으로만 존립하는 미 일반을 현실화한다. 그런데 헤겔은 예술작품을 산출하는 것을 인간의 활동이라 하면서도, 이러한 산출의 과정을 이념적인 것의 외화로 파악하기도 한다. 인간이 아래로부터 이념을 향하여 전진하여 이념을 파악한 뒤 이념을 구체화하는 것과, 이념이 플로티노스에서처럼 '유출'되어 자연계에 현현하는 과정을 모두 서술함으로써 상승과 하강의 통일이라는 체계를 형성하고자 하는 것이다. "이념적인 것은 스스로 가상이 되며, 자신의 물질적 현존을 언제나 가상으로 만들어 냄으로써 자신의 자유와 관념성이 현상하게 된다. 그러므로 이러한 객관적 관념론은 물질적 현존을 가상으로 만든다. 또한 우리는, 그러한 관념론은 하나의 실천적 관념론, 하나의 합목적적 행위, 이러한 일자를 낳아 놓는 부분들의 작용이라 말할 수도 있을 것이다―이 일자는 물질적 일자를 끊임없이 현상으로 내려놓는 것으로서의 일자이다. 이로써 이념적인 것은 스스로를 보존하지만 자신의 부분들을 존속시키지는 못하는데, 이념적인 것은 물질적인 것의 정지의 지양성으로 있기 때문이다. 이러한 생동성의 관념론은 이제 우리에 대해서 있으며, 우리에 대해서 현상한다"(S. 46). 절대적 존재인 일자는 스스로 외화하여 현실 세계의 사물이 된다. 이렇게 물질적 현존으로 실현된 것은 현상이다. 그런데 절대적 이념은 끊임없이 운동하는 것이므로 또다시 새로운 현상을 낳아 놓고, 이렇게 산출된 새로운 현상은 이전에 실현되었던 현상을 거짓된 것, 즉 가상假像으로 전락시킨다. 현상하는 것들은 일시적으로만 진리의 현실태일 뿐 불변의 진리일 수는 없다. 지속적으로 현상들이 산출된다는 것, 그리고 시간의 경과에 따라 그러한 현상들이 가상으로 전락하는 것을 관상하는 태도가 바로 헤겔이 관념론이라는 술어로써 의미하는 것이다. 일자가 스스로를 물질적 현존으로 객관화하므로 이를 객관적 관념론, 일자의 자기외화가 그러한 객관화에 있어 주요한 동인動因이므로 실천적 관념론, 이념적인 것이 물질적인 것으로 현상하여 정지된 상태를 지양 폐기하고 또다른 현상을 낳아 놓으면서 궁극의 목적을 향해 생동적으로 진전하므로 생동성의 관념론이라 한다. 그리고 이러한 과정은 과정 자체에 매몰된 인간이 아닌 신적 입장에서만 파악할 수 있으므로 이는 "우리에 대해서"(für uns) 있는, 즉 보편적 '우리'의 눈에만 보이는 것이다.

예술미와 예술작품의 현존을 사변적 구조 속에서 논의한 헤겔은 이 구조를 바탕으로 하여 미의 역사적 현재성을 주장한다. "이상적인 것은 감각의 세계에 있으면서 동시에 완결되어 있고, 정신은 감각적인 것에 발을 내딛으면서도 그것을 자신에게 다시 끌어오며, 자신에 의거하면서도 자유롭게 외적인 것에서 스스로를 지닌 채 그것을 향유하면서 행복의 울림을 모든 것을 통해 퍼져 나가게 하고, 외적인 것이 제각기 펼쳐진다 하여도 스스로를 결코 상실하지 않고 언제나 자신의 곁에 머문다. 이것은 미적인 것으로서 자연적인 것에 대비되는 이상의 가장 보편적인 규정이다―독자적으로 있는 이상은 쉽게 파악될 수 있다. 가장 어려운 것은 이상이 단순한 이념이 아니라 현실성을 갖기 때문에 정재와 함께 외면성으로 들어서지만 이처럼 유한성에 나아가면서도 여전히 관념성 자체를 유지한다는 데에 있다"(SS. 72~73). 추상적 영역에 있는 미의 이념이 특수화되는 것은 정신이 감각적인 것의 외피를 가진다는 것을 의미한다. 이러한 특수화는 인간의 정신 내면에 있는 이념이 드러나는 것이므로 그저 존재할 뿐인 자연물과는 대비되는 것이며, 정신의 산물인 한에서 언제나 정신의 자취를 가지고 있다. 미의 이념은 감각적인 것에 발을 내딛음으로써, 즉 감각적인 현현을 통해서 구체적으로 역사적으로 매개됨으로써 '시대의 예술'이 된다. 역사적으로 매개된 예술작품은 하나의 현상으로서 당대의 진리를 드러내지만 역사가 진전하면서 현상으로서의 예술작품은 또 다른, 진리로서의 예술작품에 의해 가상으로 전락하는 것이다. 다시 말해서 미의 이상은 현상이 되면서, 즉 '지금, 여기'에서 규정된 존재라고 하는 정재가 되면서 더 이상 내면적 이상이 아닌 외면성의 권역에 들어선 유한한 존재로 외화되지만 이는 후행하는 현상에 의해 가상이 된다. 그런데 인간의 정신은 이처럼 이념이 외화되고, 현상으로서의 정재가 가상으로 전락되리라는 것, 즉 현상은 절대적 진리를 향해 나아가는 계기에 지나지 않는다고 하는 현상의 관념성을 항상 관상해야만 한다.

그렇다면 미의 이념, 이상이 현상으로서 등장할 때에는 구체적으로 무엇이 외면성의 계기로서 개입되는가? "예술작품은 역사적 측면, 소재의 측면을 가지며, 그것의 산출은 많은 조건을 가진다. 그것은 기술적 계발의 측면과 결부되어 있다"(S. 15). 헤겔은 예술작품의 시대성에 개입되는 요소들을 이렇게 규정한 뒤 시대성을 형성하는 구체적인 연관들을 상세하게 서술한다. "이상이 정재로 들어선다는 이 측면은 특수성을 보유하고 그에 따라 우리와 분리되고 구별된다는 것이다. 예술작품은 어느 시대에 나온 것인가에 따라 특수성을 지닌다. 이것들 중 많은 것에서 우리는 우리에게 낯선 것을 결코 발견하지 않고 그것들을 편안하게 받아들인다. (…) 시인 자신도 언제나 어느 정도 우리의 것이 아닌 고유한 교양에 속해 있다. (…) 시인의 동시대 교양의 고유성과 소재의 고유성이 만난다. 셋째로 우리 자신의 교양의 고유성이 있다. 이러한 관점에서 다음과 같은 물음이 제기된다. 예술가는 일반으로 소재를 취한 시대의 공동체와 교양에 맞추어 소재를 표현하며 자신의 작품이 그 시대에 충실한 그림이 되게 하여야 하는가, 또는 시인이 우리의 관점에 따라, 우리 시대의 특수성과 연관된 관점에 따라 소재를 가공하여야 하는가"(SS. 100~101). 예술작품은 이념의 실현태이지만 예술가는 '시대의 산물'이기 때문에 인류의 역사적 문화적 맥락뿐만 아니라 자신의 시대의 고유한 맥락 속에서도 작업한다. 이러한 물음들을 전개한 뒤 헤겔은 예술과 시대, 예술작품과 공동체의 필연적 연관을 다시금 천명한다. "예술의 관심은 하나의 공동체의 의식의 실체적 방식을 표현하는 것이다. (…) 이러한 것들은 한 공동체의 세계관, 종교이다. 이것들은 공동체 정신이다. 예술가는 한 공동체에 속한다"(S. 188). "예술은 일정한 시대에 결부되어 있다. 하나의 정부, 한 개인이 예술의 황금시대를 일깨울 수 없다. 전 세계상태가 그것에 속하는 것이다"(S. 190). 예술을 통해서 공동체는 의식적 통일성을 획득하며, 그러한 통일은 세계관이나 종교로 표상된다. 그런 까닭에 시대 전체가 예술작품의 산출에 기여하는 것이고, 예술가 또한 전면적으로 시대가 낳아 놓는 것인 만큼 시대를 뛰어넘는 예술적 천재란 있을 수 없다. 예술의 시대성이 이렇게 규정됨으로써, 원리적으로는 미의 초월적 이념이 '우리에 대하여' 있다고는 하지만, 헤겔에 있어서 미에 대한 탐구는 초월적 미학이 아니며, 예술의 역사적 작용을 파악하는 예술철학적 탐구가 주요 과제로서 등장하게 된다. 헤겔이 전통적인 의미에서의 형이상학적 초월적 미학을 부인하는 것은 아니다. "그러나 예술은 하나의 신적인 것의 본질적 표현방식이며, 우리는 이 형식을 이해하여야만 한다. 예술은 쾌적한 것, 주관적 숙련성을 대상으로 하지 않는다. 철학은 예술에 있는 참된 것을 고찰하여야만 한다"(S. 289). 체계의 상하相下에서 보면 예술은 철학의 하위 계기이므로 예술철학은 필연적으로 초월적 미학으로 상승하지만, 헤겔의 예술론의 본령은 역사적 예술철학에 있다고 해야만 한다. 헤겔의 예술철학이 분명하게 남겨 놓은 것은 무엇보다도 예술작품의 시대성, 역사성이다.

그리고 예술작품은 시대 속의 인간이 만들어 낸다고 하는 테제이다. "인간은 왜 예술작품을 만드는가. (…) 예술의 요구의 보편성은 결코 다른 데에 있지 않고 인간이 사유하고 의식한다는 것에 있다. 인간은 의식이므로 인간은 자신의 본질인 것, 자신의 일반적으로 있는 것을 자신 앞에 제시하여야만 하며, 자신에 대한 대상으로 가져야만 한다. 자연의 사물은 그저 있으며 단순할 뿐이며 일회적일 뿐이다. 그렇지만 의식으로서의 인간은 스스로를 이중화하고 일회적이며, 그러고 나서도 인간은 대자적이며, 자신의 본질인 것을 자신 앞에 세우고자 하며, 스스로 직관하고 표상하며, 자신에 대한 의식이다. (…) 예술작품은 인간에게 인간의 본질인 것을 현전하게 하는 하나의 방식이므로 예술작품의 보편적 요구는 인간의 사상에서 찾을 수 있다"(S. 11). 인간으로서의 인간은 내면의 목적을 가지고 있고, 그러한 본질로서의 목적을 스스로 의식하고 외화시켜 자신 앞에 선 대상으로 객관화하고자 한다. 이처럼 인간 정신이 객관화된 것, 즉 객체화된 정신은 예술작품, 법과 제도로 표현되며 이를 통칭하여 인간의 작품이라 할 수 있겠거니와, 이 작품을 분석하여 인간의 정신을 이해하는 것은 단순히 예술철학의 영역에 한정되는 것이 아니라 객관적 정신론을 비롯한 정신철학의 과제이다.

객관적 정신론은 인간 정신의 산물로서의 객체화된 정신을 파악하려는 분과이다. 현전하는 작품은 하나의 감성적 대상이면서도 동시에 보편적인 정신의 의미를 담지하는 것인데, 이 의미를 파악하는 것이 객관적 정신론이라 한다면, 객관적 정신론은 감각적 대상을 보는 고유의 고찰방식을 가질 것이다. 헤겔에서 비롯되는 이 방식은 특수한 것으로서의 예술작품이 개별적 요소들의 단순한 총합이 아닌 보다 높은 보편적 이념에 의해 결합된 체계라고 이해하는 것이다. 이렇게 결합된 요소들은 예술작품 안에 '함께 있다'. 각각의 요소들은 특수하지만 모두 항상 동시에 하나의 의미 전체에 속하고 이러한 전체 자체가 또한 자신의 고유한 본성, 즉 자기완결적 형식 법칙을 갖는다. 이러한 파악 방식은 헤겔에 그 단초가 있으며 구체적으로는 카시러의 '상징형식'(Symbolische Formen)의 철학과 파노프스키(Erwin Panofsky)의 예술론에서 전개된다. 헤겔을 포함하여 카시러와 파노프스키의 예술이론은 예술작품을 객체화된 정신으로 파악함으로써, 역사와 사회학으로 환원되지 않고 철학적 절대적 신비적 개념으로 지양되지 않는 중간적 매개로서의 예술의 고유한 영역을 확보하려는 시도이다.

카시러는 헤겔의 '체계'에서 절대적 정신의 실재성과 목적론적

성격을 배제하고 개념적 시원始原으로서의 상징형식을 정립한다. 카시러에 따르면 인간의 정신이 산출한 객관적 실재들이 가진 내용의 의미 전체는 초개인적 세계관의 산물이며, 이를 이해하기 위해서는 작품에서 세계관적 의미(Weltanschauungssinn)를 찾아야만 한다. 이 세계관적 의미가 바로 상징형식이다. 이는 감각 경험들을 유기적으로 연관시키고 조직시키는 정신의 선험적 형식이며, 이것의 상징적 기능에 의해 신화, 종교, 언어, 예술과 같은 문화적 영역과 산물이 등장하게 된다. "따라서 예술적 직관의 영역에서도 우리 자신이 형식의 근본 요소들을 형성하고 산출하는 것에 의해서만 감성적인 것에서 미적 형식을 파악하는 것이 가능하게 된다. (…) 정신의 다양한 외적 표현들의 체계는 우리가 그것의 근원적 형성력의 다양한 방향을 추적하는 것에 의해서만 파악될 수 있다. (…) 그리고 감성적 상징의 여러 체계들의 창조에서 고지되고 있는 것이 사실은 정신의 순수한 활동이라는 것은, 이러한 상징들이 애초부터 일정한 객관성과 가치를 요구하면서 출현한다는 데서도 나타나고 있다. 그러한 상징들 모두는 단순한 개인적 의식현상의 영역을 초월하는 것이며, 그것들은 개인적 의식현상에 대해서 보편타당한 것을 제시하려고 하는 것이다"(《상징형식의 철학, 제1권: 언어》, 아카

넷, 54쪽). 카시러의 상징형식은 신화, 종교, 언어, 예술과 같은 문화적 활동의 영역에서 창작자들이 나누어 가지는 초개인적인 개념적 원리로 이해할 수 있을 것이다. 그것은 구체적인 규범이나 코드로서 정형화된 것은 아니지만 창작활동을 규율하는 무형의 원리이다.

파노프스키는 자신의 예술학을 전개하는 근본 개념으로 카시러의 상징형식 개념을 수용하거니와, 그의 저작 《상징형식으로서의 원근법》(Die Perspektive als 'symbolische Form')(도서출판b, 2014)은 이것의 명료한 증거이다. "에른스트 카시러가 훌륭하게 주조해 낸 용어를 미술사에도 응용해 본다면, 원근법이란 그 안에서 '정신적 의미내용이 구체적인 감성적 기호와 결부되고, 이 기호에 내면적으로 동화되는' 그러한 '상징형식들' 가운데 하나라고 불려도 좋을 것이다"(27쪽). 파노프스키는 상징형식 개념을 받아들이면서도 '인공물(Kunstwerk)을 어떻게 이해할 것인가'의 물음을 제기한다. 어떠한 인공물이든지 그것은 창작자의 지향 또는 의도(intentio)를 내포하나, 창작자가 실용적 의도를 가지고 있다면, 그 인공물은 전달하고자 하는 의미를 포함하는 신호등·표지판과 같은 의사전달 수단이나 컴퓨터·일반기구 등과 같이 수행하려는 기능을 포함하는 도구, 즉 실용적 대상이 된다. 창작자가 자신의 작품을 미적으로 경험할 것을 요구하면, 즉 창작자의 해석요구에 따라 인공물은 예술작품이 된다. 그러나 감상자의 지향이 그것을 예술작품으로 승인하지 않는다면 창작자와 수용자의 지향은 불일치하게 되어 인공물은 단순한 대상이 된다. 여기서 예술작품은 초월적 또는 객관적 미의 규준에 의해서가 아니라 주관적 승인에서 성립할 것이다. 이렇게 실용적 대상과 예술적 대상을 구별한 뒤 파노프스키는 인공물이 가진 세 가지 의미를 제시함으로써 예술학(Kunstwissenschaft)과 예술철학(Philosophie der Kunst)을 구분한다. 인공물은 첫째로 현상의미(Phänomensinn)를 가진다. 이것은 사실의미(Sachsinn)와 표현의미(Ausdrucksinn)로 다시 나뉜다. 사실의미는 선 등의 형태를 통해 사물을 식별하게 하는 것이며, 표현의미는 형태에 지나지 않는 것이 의미를 담고 있는 것으로 받아들여지는 것으로 모티프motif라 불리기도 한다. 현상의미를 찾아냄으로써 양식사(Stilgeschichte)가 성립한다. 특정시대에 어떤 사물이 어떤 형태로 표현되었는지를 분석하고, 그처럼 특정한 역사적 상황에서 대상과 사건이 표현된 형식의 일관성과 정합성을 분류함으로써 양식의 역사를 쓸 수 있는 것이다. 둘째, 인공물은 규약의미(Bedeutungssinn)를 갖는다. 규약의미는 도상학(Ikonographie)적 분석에서 도출되는 것으로, 일반적으로 '예술학'이라 불린다. 규약의미는 형식적 특징일 뿐인 현상의미가 문화적 맥락 속에서, 즉 일정한 문화적 배경에서 규정된 개념이나 주제가 특정한 모티프에 규약처럼 연결될 때 획득되는 의미이다. 이처럼 문화적 규약에 의해 어떤 의미를 담고 있는 것으로 인식된 모티프를 이미지라 하고 이러한 이미지를 조합한 것이 알레고리Allegorie이다. 마지막으로, 인공물은 본질의미(Wesenssinn)를 갖는다. 이는 도상해석학(Ikonologie)적 해석에서 얻게 되는 것으로 일반적으로는 '예술철학'이라 불리는 것이며, 카시러의 상징형식의 철학에 해당한다. 본질의미는 예술작품의 근저에 놓인 원리에 대한 종합적 직관을 통해서 파악할 수 있다. 이는 달리 말하면 '보편적 정신사'이기도 한데, 그것은 '특정 시대와 특정 문화권에서 세계관적으로 가능했던 것'이다.

44. 킹(Ross King), 《파리의 심판》(The Judgement of Paris)(도서출판 다빈치, 2008), 588쪽.

45. 마네(Édouard Manet, 1832~1883)의 〈풀밭 위의 점심식사〉(Le Déjeuner sur l'herbe, 1863)가 도발적인 것만은 아니었다. 이

작품에서 마네는 회화 기법의 탁월한 성취를 이루었다. 그는 작품에 등장하는 인물들의 포즈를 라파엘로(Raffaello Sanzio da Urbino, 1483~1520)가 그린 〈파리스의 심판〉(Il Giudizio di Parigi)(라파엘로의 원작은 사라지고 마르칸토니오 라이몬디의 모작만 남음)에서 따왔지만, 회화 기법은 전혀 달랐다. 마네는 다 빈치가 완성한 이탈리아의 명암법(chiaroscuro: '밝은'이라는 뜻의 chiaro와 '어두운'이라는 뜻의 scuro가 합쳐진 이탈리아 어), 즉 단계적으로 명암을 조절하여 그림에 깊이와 음영을 주는 방식을 버렸다. 마네는 가장 밝은 부분과 그림자 사이의 중간 색조를 없애고 밝은 부분을 거친 조명을 받은 것처럼 그렸다. 그는 또한 원근법적 공간을 파괴하며 콰트로첸토 이래의 예술적 전통과 결별하였다. 명암을 대조시키는 방식으로 화면 위에 미세한 부조를 만들지 않아 원근을 없애 버린 것이다(《파리의 심판》, 116~118쪽 참고).

46. 호메로스, 《오뒷세이아》, IV, 233~266행.

47. 고전기 아테나이에서 건축된 파르테논 신전은 그 앞에 서 있던 당대 사람들에게 세계의 의미를 열어 주고 진리를 드러냈을 뿐 현대의 희랍인들에게는 관광자원에 지나지 않는다. 이처

럼 '과거는 낯선 나라'인 것이다(데이비드 로웬덜, 《과거는 낯선 나라》, 개마고원, 2006). 현대인에게는 타인도 낯선 나라이다. 모두 자신의 세계 안에 닫혀 있다. 내가 그대를 사랑한다는 것은 내가 나에게 읊조리는 독백일지도 모른다.

에로스를 찾아서
사랑과 아름다움에 관한 성찰

초판 1쇄 2017년 12월 5일

지은이 | 강유원

펴낸곳 | 라티오 출판사
출판등록 | 제25100-2014-000086호(2007.10.24)
전화 | 070) 7018-0059
팩스 | 070) 7016-0959
웹사이트 | ratiopress.com

ⓒ Yuwon Kang, 2017

이 책의 무단 전재 및 복제를 금합니다.

ISBN 979-11-959288-2-8   03100